U0916794

二元劳动体制与中国国企转型升级的实践路径

贾文娟　著

中国社会科学出版社

图书在版编目（CIP）数据

二元劳动体制与中国国企转型升级的实践路径 / 贾文娟著 . -- 北京 : 中国社会科学出版社 , 2023.5

ISBN 978-7-5227-1747-0

Ⅰ. ①二… Ⅱ. ①贾… Ⅲ. ①国企改革—研究—中国 Ⅳ. ① F279.241

中国国家版本馆 CIP 数据核字（2023）第 060470 号

出 版 人 赵剑英
责任编辑 王莎莎
责任校对 张爱华
责任印制 张雪娇

出 版 中国社会科学出版社
社 址 北京鼓楼西大街甲 158 号
邮 编 100720
网 址 http://www.csspw.cn
发 行 部 010 – 84083685
门 市 部 010 – 84029450
经 销 新华书店及其他书店

印 刷 北京明恒达印务有限公司
装 订 廊坊市广阳区广增装订厂
版 次 2023 年 5 月第 1 版
印 次 2023 年 5 月第 1 次印刷

开 本 710×1000 1/16
印 张 11.5
插 页 2
字 数 205 千字
定 价 78.00 元

自　序

国有企业的发展史是中国共产党领导中国人民进行社会主义革命与建设的伟大历史的有机组成部分，一直以来都与党史、新中国史、改革开放史、社会主义发展史深度融合。国企发展研究纷繁复杂，与不同学科的专业知识皆有交叉，亦涉及现代性、社会治理、社会分层等理论议题，其核心的问题意识在于对中国社会主义体制独特性的探索、对中国社会主义发展历程的阐释。国企研究目的不仅在于搞清楚特定制度与管理方式，更重要的是从劳动实践出发，对社会主义体制的发展变迁予以阐释。从这个角度出发，社会学马克思主义提出的劳动体制研究路径为追求这个目标提供了可能[①]。这种研究路径既不同于宏观政策分析，也不同于对历史事件考察，而是注重在长时段历史视野下，以"反思性"作为方法论依据，以劳动过程理论为基础，以拓展个案法为研究方法，在案例研究中将历史与未来、理论与实践、行动与结构进行关联思考，以达到以小见大、见微知著的目标。笔者在研究实践中，体悟到以该路径进行中国国企发展研究的三个要点：第一，以劳动实践作为切入点，自下而上地打开国企发展黑箱；第二，从双重嵌入性出发探查宏观政治经济结构与国企劳动实践的互构；第三，在案例比较之中理解中国国企发展的独特路径。本书便是从这三

---

① 有关"社会学马克思主义"的论述请参见麦克·布洛维《公共社会学》，沈原等译，社会科学文献出版社 2007 年版，"社会学马克思主义"，第 139—187 页。

个要点出发，对中国国企在转型升级时期的劳动力使用策略进行了深入分析。

马克思在《资本论》第一卷中曾指出：那个挂着“非公莫入”牌子的劳动场所，并不是无关紧要的边陲角落，而是所有宏大政治经济体制的隐秘核心，并蕴藏着人类历史发展的深刻秘密。[①] 中国国有企业自革命战争时期产生，经过计划经济、市场改革时期而发展至今，犹如一条遨游于世界政经海洋的巨鲸，如果对这条巨鲸进行鞭辟入里的剖析，那么最好的切入点便是劳动生产实践。

长久以来，社会科学在研究中国国企时往往从两个角度切入：国企单位制和国企改革政策。前者以制度作为切入点，关注国有企业所承担的社会治理职责，并以此探究国家权威的运作逻辑；后者以政策作为切入点，关注中国国企改革政策的宏观变迁，并概括中国国企改革历程的阶段规律。单位制研究与国企改革政策研究虽是我们推进国企研究的基础，但也在一定程度上限制了研究者的想象力。一方面，如果我们仅将国企看作政治单位，只把单位制看作通过垄断资源分配进行社会治理的国家治理策略，那么便难以理解计划经济时期中国工业何以发展迅猛，生产者为何对计划经济时期充满平等团结的回忆；另一方面，如果我们仅以宏观历史阶段为切入点，将国企发展归因于政策变迁或产权制度，那我们必然无法从组织黑箱中窥见生产发展的隐秘内核。据此，本书在继续推进国企研究时，从治理中心论回归到劳动中心论，从分配中心论重返生产中心论，并将劳动实践作为研究的切入点，自下而上地阐解国企用以推动剩余积累的劳动力使用策略。

具体而言，以劳动实践作为国企研究的切入点，意味着要从那些看似细碎、多变、分散的日常劳动中，梳理出国企劳动过程的组织特

① ［德］马克思：《资本论》（第一卷），郭大力、王亚南译，上海三联书店 2011 年版，第 94、95、100、107 页。

征。从分析上看，劳动过程既涵盖实践的面向，也涵盖关系的面向[①]。第一重面向涉及男人与女人将原材料改造成其想象之物的具体过程，包括劳动者是谁、何时打卡、几点吃饭、操作什么机器、工段长怎样派工、工时定额怎样设定等具体问题，而第二重面向涉及生产者的日常交往，包括与谁吃饭、送谁礼物、和谁竞争、同谁争吵等细小琐事。这些琐事实则指涉了劳动力使用的具体形式，构成实证研究所需要的重要素材。据此，本书对四家国有企业中的劳动过程与劳动中的关系进行了详细介绍与分析，以更好地呈现国企在转型升级过程中遭遇的种种难题，及其应对这些难题的具体方式。

“从劳动到体制”的实证研究路径不仅倡导在劳动实践中“自下而上”地发现迷思，而且提倡“由外而内”地剥离现象的束缚，继而从政治经济结构的整体高度来理解实践问题。从这个意义上看，研究者需要重视组织研究“权变理论”的观点。该理论指出，任何类型的组织都嵌入在宏观的政治经济环境中，深受环境的影响，并在对环境做出回应之时，通过模式变迁来保护其技术内核的稳定不变。[②]布洛维在“拓展个案法”中，亦根据对赞比亚铜矿中种族问题的研究，将这种研究方法归纳为“对于时间和空间观察上的拓展”[③]。那么，在对国企发展史的分析研究中，若要从变化的组织形态、生产模式、劳动过程、社会交往中探寻社会主义体制的隐秘内核，必然要堪明其在不同历史时期所嵌入的政治经济结构。

然而，政治经济结构往往过于宏观，而很难直接同劳动实践进行对接。但源于波兰尼与格兰诺维特等人的“嵌入性”思维方式则有助

① [美]迈克尔·布洛维:《制造同意》，李荣荣译，商务印书馆2007年版，第270页。

② [美]W.理查德·斯科特:《组织理论》，黄洋等译，华夏出版社2001年版，第89、266—267页。

③ [美]麦克·布洛维:《拓展个案法》，载沈原等译《公共社会学》，社会科学文献出版社2007年版，第104—105页。

于应对这个问题[①]。笔者发现，我们能够通过国企对经济体制与政治体制的“双重嵌入性”，来探查社会主义生产体制所面临的挑战以及其应对方式的变迁。“双重嵌入性”是指，诞生于革命战争时期的中国国有企业，既嵌入新自由主义经济全球化的前世今生中，又嵌入社会主义体制的政治追求中。前者引发的政治竞赛或市场竞争压力，倒逼中国工业积累速度不断加快，并迫使从国家到地方计划指标的节节攀升；而后者则面向中国革命的初心与苏联解体的警示，不断提醒决策层社会主义社会契约的神圣性与政权合法性的真正来源。[②]在双重嵌入性的影响下，致力于促进生产绩效的措施可能会削弱组织合法性，而对组织合法性的追求又可能影响生产绩效的实现。沿理论溯源而上，“双重嵌入性”下的生产两难实则指涉了克劳德·勒弗所述的社会主义体制面对的两难：现代性意识形态宣言与意识形态规则间的分裂与矛盾，前者体现了启蒙主义的理念，后者则是现代国家与生产的运作实践。[③]而上到决策层的政策制定，下到生产者的劳动实践，实际上都在对这个难题进行应对。

实际上，笔者是在研究国企劳动实践时遭遇了瓶颈，才意识到“由外而内”进行思考的重要性。在以往研究过程中，笔者发现围绕同一件事，工人与管理者的说法大相径庭：工人说管理者“捱我们工人蠢”“吃人不吐骨”，管理者则说工人“有空子就钻，造成不少损失”。工人的逻辑是，干群地位不平等，我怎么可能努力工作？管理者的逻辑是，没有生产绩效，我们怎么分蛋糕？此类情绪从建厂初期延续至今，并涉及工资制度、福利分配、组织派工、技术评定等不同

① [英] 卡尔·波兰尼：《大转型：我们时代的政治与经济起源》，冯刚、刘阳译，浙江人民出版社 2007 年版；[美] 马克·格兰诺维特：《镶嵌：社会网与经济行动》，罗家德译，社会科学文献出版社 2007 年版。

② 贾文娟：《选择性放任：车间政治与国有企业劳动治理逻辑的形成》，中国社会科学出版社 2016 年版。

③ Lefort, Claude, *The Political Forms of Modern Society: Bureaucracy, Democracy, Totalitarianism*, MIT Press, 1986.

领域，以至于我们一时间很难对国企生产中的问题究竟源自何处做出判断。然而，“双重嵌入性”的纳入却能够使分析思路变清晰：在社会主义体制下，只要生产与分配制度的设定不足以平衡效益与政治追求，管理者与劳动者的争议就会激化，而不同层面的改革便需要开始进行。辩证地看，市场效率追求与组织合法性追求间的矛盾冲突恰恰构成了推动中国国企生产发展的动力。

从中国国企的“双重嵌入性”出发，有利于我们将宏观、复杂且不断变化的政治经济形势与国企劳动生产实践在企业案例的层面上进行有机结合，并由外而内地逐层发现形塑特定生产劳动现象的结构性原因；而且在研究生产者如何应对两难困境的历史过程，有助于我们发现国家政策与国企生产实践的双向互动，最终深化学界对中国特色社会主义体制发展动力的理解。

在社会学质性研究中，“比较”的重要性无论怎样强调都不为过。在实际操作中，案例比较不仅有利于探查研究对象的独特性，而且有利于建立用以理解实践的系统性关联。比如，科尔奈通过对经济行为的比较，将资本主义经济制度的特征归纳为“过剩”，而将社会主义经济制度的特征归纳为“短缺”①；布洛维则在对芝加哥联合机械厂、匈牙利列宁钢铁厂与苏联北极家具厂劳动过程的比较中，将垄断资本主义与国家社会主义的生产体制分别归纳为市场霸权主义与官僚专制主义。②他们都从比较的角度推进了劳动体制的实证研究，并丰富了政治经济体制比较研究。当然，案例比较存在不同的层次，既包括在个案研究中与自身历史进行比较，也包括与不同所有制的企业进行多案例比较，还包括在理论分析中与其他国家的企业进行比较。当然，不同的比较层次对于推进国企研究亦有不同作用。

① [匈]亚诺什·科尔内：《短缺经济学》(上卷)，高鸿业校，经济科学出版社1986年版。

② Burawoy, Michael, *The Politics of Production: Factory Regimes under Capitalism and Socialism*, Verso, 1985.

首先，与自身历史的纵向比较，有助于研究者发现中国国企发展历程中的“变与不变”。研究者往往感觉国企在改革开放前后发生了巨变，但一些状况似又并无改变，那我们怎样从看似不变的表象中发现变化，再从变化之中探寻稳定的内核呢？笔者希望提供一个比较分析的例子。2011 年，笔者在 TY 公司调研时，发现该公司使用了入厂包工的方式进行盾构机的制造，管理方引入了大量非正式用工的劳动者，并构建起了以编制身份为依据的二元劳动体制。然而，这种二元劳动体制并不是 TY 公司在 21 世纪后的新发明。笔者回忆起 TY 公司在 20 世纪 50 年代的档案记录。实际上，在 50 年代中期，TY 公司中就不仅有正式用工的国企工人，还从周边农村招募了不少临时工，以协助本厂正式工进行生产。在 1958 年，TY 公司更是从周边农村地区招募了大量农村户籍的青年做临时工入厂生产。1960 年后，很多临时工在 TY 厂转为正式工人，还有一些临时工则回到了农村。而到了 1980 年，随着珠三角地区劳动力市场的发展，TY 公司便开始招募包工队入公司生产。通过与自身历史进行纵向比较，我们便可以发现，二元劳动体制并不完全是国企对其他所有制企业的效仿，国企一直存在对编外人员和临时工予以招募和使用的传统。

第二，对不同类型国有企业进行横向比较，有助于发现中国国有企业在劳动力使用上存在的共性。比如，在各国历史发展进程中、在当下各类型企业中，都能找到正式用工与非正式用工的并存，但不同企业对非正式用工的使用方式却不同。因此，笔者对分属冶金、机械、新能源、精细化工的四家国企的生产组织状况进行了比较研究，发现这些企业根据各自的技术与组织模式，以不同方式使用了非正式员工。[①] 案例比较显示，国企的非正式用工是对计划经济时期“临时

① 贾文娟：《中国国有企业中的不稳定劳动与二元劳动体制的兴起：基于对四家国有企业的比较分析》，载姚建华、苏熠慧编著：《回归劳动：全球经济中不稳定的劳工》，社会科学文献出版社 2019 年版。

工”制度的改造与延续。而与私有或外资企业的比较，其特征在于：国企二元劳动体制中，劳动者间的差异并非仅以工资为核心，而是社会福利、身份地位、政治权利等“象征资源”上的差异。

第三，将中国国有企业与他国同行业企业进行比较分析，有助于深化我们对中国政治经济体制的理解。若仍以非正式用工为例，比弗利·希尔弗通过对西方国家的研究发现，西方国家企业通过非正式用工——这种边界划分（Boundary Drawing）的方式，来应对积累危机与合法性危机的两难。比如，日本企业为避免“二战”后罢工潮，以不平等的性别秩序为根基，大量招收妇女作为临时工人[①]。而社会主义时期的匈牙利工厂之所以从农村地区招收非技术工人，是为了使技术工人更好地应对随时出现的计划变更与短缺难题。中国国企的情况与此又有不同，其既不是为了避免令西方管理者担心的劳工运动，也不是为了应对东欧式的生产调整问题，而是为了平衡生产绩效与组织合法性，很多临时工就是本厂职工的亲戚老乡。可见，更大范围的案例比较，有助于发现不同政治经济体制所面临的矛盾及其应对逻辑。

在波普尔证伪主义方法论指导下，反思社会科学开始提倡通过比较的方法来探寻研究对象的独特属性，继而推动知识的生产。本书对上述三个层次案例比较地运用，有助于由浅入深地从国企劳动实践中发现知识。当然，比较的方法多种多样，既可以是写作中的多案例分析，也可以是研究构思中的理论比较，还可以是研究者头脑中的随时比对。如何以此推进“从劳动到体制”的研究，是值得我们继续探索的。

综上所述，中国国有企业发轫于革命时期并发展绵延至今，是中国特色社会主义体制的物质根基，是中国国计民生、政治社会稳定的根本保障，国企发展研究亦有用以回应上述问题的理论潜力。采用劳动体

① ［美］比弗利·希尔弗：《劳工的力量》，张璐译，社会科学文献出版社 2012 年版。

制的研究路径，是强调以劳动实践作为研究切入点、从“双重嵌入性”的角度考察宏观政治经济与微观实践的互动，并以案例比较的方法来进行知识抓取与理论建构，它有潜力为在国企发展研究中的“见微知著”提供一种路径和一个方向。

2022 年 7 月 4 日

目录 Contents

第一章 导论

改革开放以来，人们见证了三次历史性的大转型：其一，社会主义市场转型，即中国社会本身经历了从计划经济向市场经济的转型。经由这次转型，人们告别了粮票、布票等计划性的产品供给方式，告别了从摇篮到坟墓的单位保障，也告别了以“依附—庇护”为特征的工作场所权威关系。其二，经济全球化转型，即中国社会已经深深地卷入了全球化的旋涡，整个经济、社会、政治深刻地受到市场机制与资本主义主流文明的制约和影响。在这次转型中，人们一方面享受着与西方世界相似的现代文明与精神物质生活；另一方面亦不得不面对一个极不平等的新自由主义经济体系，其中，有人在“世界工厂”中进行异化劳动，有人在拆分型劳动力使用体系中承受骨肉分离的苦楚，有人在动荡的金融市场中惶恐不安。其三，第四次工业革命与产业转型升级。近年来，以信息技术为根基、以网络平台为依托、由移动数字科技和人工智能技术驱动的总体技术变迁对全社会生产生活方式带来了颠覆性转变。这一次，人们甚至说不清楚自己究竟身处何等境遇、面对着何等未来，似乎唯一确定的只有永恒的不确定性，唯一不变的只有应接不暇的变化。

可以说上述每一次大转型对诸多生产组织而言都是极为巨大的挑战，稍有不慎便会遭受毁灭性的打击。但是，在“沉舟侧畔千帆过”的情境下，中国国有经济和国有企业始终不断发展着，跟随每一次大转型的步伐、每一次产业政策的调整进行着转型升级，持续发展壮大。当然，这与中国各级政府部门针对国有企业转型升级所制定的系列政策紧密相关，与国有企业高管乃至领导班子的能力相关，与不同国企所处的行业发展态势相关，也与不同国有企业、不同政府部门的政商关系相关。但除此以外，本书认为还有一个不能忽略的原因，就是国有企业劳动体制及其生产组织模式所发生的重要变化。人们往往把注意力集中在国企之“大”上，似乎其依然患有计划经济时期的“投资饥渴症”，为了争取国家支持而疯狂发展、盲目夸张。然而，实际情况是，很多国企虽然体型庞大，但不再是那个尾大不掉、铁板一块的僵化物了。经由过去十年间的转型升级，国企内部形成了一种适于新自由主义灵活积累和弹性生产要求的劳动体制，使其能够跟上国家推进产业转型升级的步伐和政治经济形势持续变迁的要求。从这个意义上看，这个庞然大物从刚性的无机物变成了柔性的有机体，它不再像一艘要么前进、要么沉没的航母，反而更像一个能够在政治经济生态中生存、进化的巨型生物。

上述变化的产生与发展可以追溯到中国 20 世纪末的改革开放。在此，让我们简单回溯一下中国国企改革的历史进程——这是本书研究问题的背景。学界基本认为，自 1978 年改革开放以来，中国国有企业经历了四个阶段的改革，以回应、适应乃至引领世界政治经济的总体性变迁：1978 年到 1992 年是我国缓慢释放市场力量，逐渐走出计划经济的时期。在这一时期，中国国企改革处于放权让利阶段，国有企业的生产获得了相对自主性，初步成为一个能够参与市场竞争的企业主体。1992 年到 2002 年是市场经济摸索建立的阶段，相应的制度体系正在建立、仍不健全。在这一时期，中国国企正处于现代企业制度改革阶段，以获得与市场经济体制相匹配的组织形态。2003 年到 2012 年是中国市场经济体制发展成熟的时期，此时的商品市场蓬勃发展、劳动力市场走向健全、资本市场方兴未艾，而中国国企也走上了股份制改造的阶段，并能够更灵活地获取市场资源。2013 年至今是经济新常态下的深化改革阶段，资本市场创新不穷，技术创新迅猛发展，中国国资国企也进入了供给侧改革、混合所有制改革的新阶段，并通过进入资本市场获取创新发展的新资源。国企改革的目的就是推动中国国有企业伴随全球经济发展、经济组织模式变化和技术进步，持续不断地转型、创新、发展并提升其能级。只要外部环境仍有变化，国企改革的进程就不会间断，更不会终止。今天，国企不再是消极懈怠的代名词，与此相反，永不停歇的攀升成为国有企业的宿命。在国企改革发展的长河中，本书仅研究其发展的一个特定阶段。这个阶段不是 20 世纪 80 年代的放权让利、90 年代的公司制改革，亦不是 2003 年后的现代企业制度完善阶段，而是 2013 年到 2019 年这个走出中等收入陷阱、进行产业转型升级的关键时期。本书关注的问题是，当中国国有企业意识到自身正被锁定为跨国企业“代工厂”时，其采用了一种怎样的劳动体制为其转型升级制造“空间”？这种劳动体制在不同企业中有怎样的表现？其核心特征、独特性是什么？对上述问题进行分析不仅有助于厘清中国国有企业发展变迁的实践策略、路径，为我国深化国资国企改革提供参考，而且有助于开拓一种理解国企改革发展的补充视角。

国企改革发展不能仅被看作产业政策、政商关系、国企高管能力等结构因素作用的产物，它还是国企内部行动者相互磋商、持续博弈、彼此协调的历史产物，并与实践共同体整体能级提升密切相关、相互成就。据此，本书从国企劳动体制变迁入手，不仅探讨了二元劳动体制在不同国有工业企业中的表现形态、运用方式，及其旨在应对的具体问题，而且探讨了深陷转型升级困境中的国有企业是如何通过发展出一种弹性劳动体制而在外部政治经济不断变化中，最大程度地保持内部生产秩序的稳定，并为生产转型升级争取时间、空间和资源的。本书分析的理论基础是劳动过程理论。从马克思主义劳动过程研究脉络的发展看，"劳动体制"概念为学者分析特定企业在市场转型或外部政治经济变迁中能否应对内部各类问题、何以崩塌或维系，为我们深入分析中国国企转型发展的实践策略提供了理论依据。

马克思曾在19世纪中后期预言，发达资本主义国家的工人阶级将团结起来推翻资本主义制度。然而，他的预言失败了。其中的一个重要原因就是垄断资本主义社会发展出一套用以规范阶级冲突的社会机制，福利国家的建设、媒体的发展、教育的普及、自由主义意识形态的宣传等，都会有效削弱劳资冲突，而更有效的机制则是选举制度的发展、工人"工业公民权"的赋予以及在法律框架下发展起的以工会集体谈判制度为核心的"劳动关系"框架。但是，不同于以往学者对宏观制度的关注，新马克思主义劳动过程理论的代表学者布洛维指出，资本用以规范劳资冲突的规范性工具实则嵌入工作场所甚至劳动过程之中。据此，他要求从"劳动体制"的角度来理解"同意"和"压制"在生产实践中是如何产生的。

在布洛维（Burawoy，Michael）看来，劳动生产本身就是一个集合了经济、政治、文化、意识形态于一体的"体制"（regime）。劳动体制概念是指包括政治规范性工具以及劳动过程政治效果的生产领域，它是劳动过程的政体政治形态，亦是企业用以规范劳动关系的稳定模式（Burawoy，1985：87）。进一步而论，劳动体制也有自己的经济基础和上层建筑。劳动体制的经济基础就是劳动过程的组织与实施。劳动过程指的是，"男人和女人面对自然之时，依据他们的想象，把原料变成物品时所进入的关系"，是一个物质的、技术的、社会的生产过程。它是由两个分析上有别但实际上并不可分的面向构成：第一，技术与实践面向。从这个意义上看，劳动过程就是人们使用工具将原料转化为成品的一系列行为。第二，社会与关系面向。从这个意义上看，劳动过程又是人们在生产中进行社会互动、构建权力、树立权威，或协商自身利益的社会过程（布洛维，2005：130-131）。劳动体制中的上层建筑是企业中的政治制度、各类规章制度、车间文化等“政治规范性工具”（political apparatuses of production）。劳动体制中的“上层建筑”是国家制度法规、整体社会文化等在生产领域中的延伸，形塑了劳动者与管理者的意识、认知、行动与互动模式。

从劳动体制的视角看，生产并不是一个封闭的领域。国家与企业的关系、市场竞争因素、社会保障制度与劳动力再生产模式、劳动力市场形态、工人与国家的关联乃至种族、性别、公民权等因素都会直接或间接地影响劳动的组织与生产的进行，继而使不同企业在各自政治经济社会背景下发展出不同的劳动体制。在经典分析框架中，市场竞争、国家干预、劳动力再生产模式是形塑劳动体制的核心因素（如图 1.1 所示）。值得注意是，劳动体制与宏观社会体制始终处于一种辩证的关系之中，市场、国家、文化、技术等结构因素限制了管理方的行动逻辑，使其采用了特定的劳动体制，而这种劳动体制又影响了劳动者的行为，继而在生产场所再生产出特定的社会秩序与社会关系。

劳动体制概念及研究范式的重要性在于，其将生产组织、行动者与宏观结构进行了联合思考，不仅关注生产场所中的互动是如何被外在因素所塑造的，不同行动者的能动性与国家政策法规、社会文化、劳动力市场等宏观结构的关系，而且关注劳资双方的资源、权力、互动关系乃至生产模式对生产关系再生产的影响（Burawoy，1985）。这种研究范式为社会学由小见大——从分析生产到理解社会秩序——提供了一个可行的路径。借由劳动体制的理论框架，布洛维得以地指出生产领域不仅形塑了工人的主体性与阶级意识，还成为特定生产关系得以再生产的核心领域。此外，劳动体制分析并不是一种静态，而是能帮助人们去认识生产组织，乃至特定政治经济体制的历史变迁。在布洛维看来，市场竞争、技术变迁、国家政策法规与国企文化等结构性因素都会对涵盖工人、管理者等在内的行动者造成影响，而行动者则根据他们自身的利益诉求、资源、策略等进行互动，并对劳动体制进行塑造与重塑。综上所述，对劳动体制范式的运用，便于分析国企不同行动者的行动策略、互动逻辑与劳动生产模式化之间的关系，也便于分析国企内部劳动体制变迁与外部政治经济体制变迁之间的相互作用。

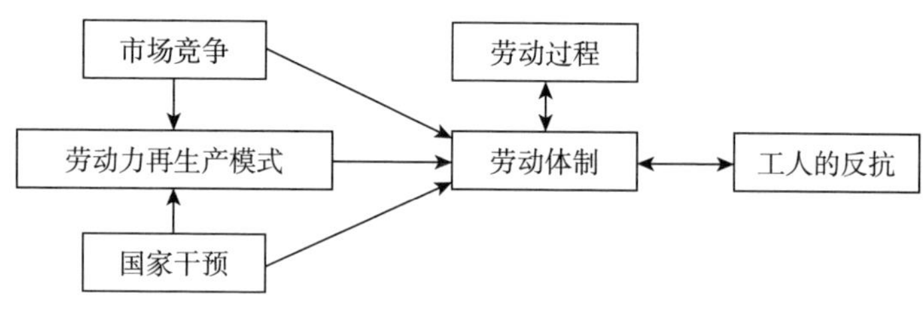

图 1.1　劳动体制的形塑

实际上，以往研究者对国有企业劳动体制及其变迁曾进行了深入分析研究。比如，很多研究者都认为在计划经济时期，国有企业的劳动体制是“单位制”的，一方面，“单位制”确立了工作场所内权威关系的框架。比如，华尔德（Walder，Andrea）认为工人在社会和经济上依附于单位、在政治上依附于厂领导、在工作中依附于直接领导，而领导与积极分子发展出一套基于庇护关系的交换网络，并通过给予他们待遇、升迁上的方便进而获得后者的忠诚（华尔德，1986）。李汉林、李路路认为职工因为依赖于单位提供的各种资源而愿意在生产中服从于领导（李汉林、李路路，1999）。另一方面，它能够有效协调生产场所中各种纠纷和冲突。张静认为，单位制是“政行合一”的制度设计，部门领导承担者上传下达的职责，他们既要管理职工，也要帮助他们传达和解决利益诉求。通过“职代会”等资源分配机制，职工通过公开要求和私下游说向领导提出诉求，部门领导则亦会为下级争取资源，进而将多数冲突化解在单位内（张静，2001）。据此，我们认为“单位制”是国有企业劳动体制变迁发展的出发点。到了改革开放初期，即20世纪八九十年代，学者观察到“单位制”正在解体，并指出这一时期的国企劳动体制成为“失序专制主义”。比如，Zhao与Nichols通过对河南三家棉纺厂的调查，发现管理层的控制权急剧膨胀，管理方采取多种新策略强化劳动过程，并对工人造成很大伤害（Zhao & Nichols，1996）。李静君通过对广州数家中小型国有企业的调查发现，随着终身雇佣制的废除和“老三会”的边缘化，劳动过程呈现出以强制性的劳动控制、经济处罚、工人之间冲突增加为特征的“失序专制主义”的特征（Lee，1998）。赵炜通过对两家改制国有企业的对比研究发现，国企管理者在施加严格的管理控制的力度上毫不逊色于私营企业（赵炜，2010）。这些研究在很大程度上推动了人们对国有企业生产劳动的认识，本书对国企劳动体制的分析也是建立在这些认识基础之上的。

实际上，与吉登斯的结构化理论、布迪厄的场域理论类似，“劳动体制”也是一个试图解决行动—结构二元对立的社会理论架构。其中，市场竞争、技术变迁、国家政策法规与国企文化等结构性因素都会对涵盖工人、管理者等在内的行动者造成影响，而行动者则根据他们自身的利益诉求、资源、策略等进行互动，以对劳动体制进行塑造与重塑。本书试图提出，在面临产业转型升级之时，中国国企建构起了一个用以提升生产绩效、降低生产成本、协调劳资冲突的二元劳动体制，并为自身推进产业转型争取时间和空间。

2013年以后，中国国有企业的发展进入了深化改革、产业转型升级的新阶段。这意味着国有企业必须一方面淘汰、舍弃在20世纪90年代后发展起来的过剩产能与落后产线；另一方面满足新进的市场需要与技术趋势，在生产中应用数控机床、无人产线、智能管理体系、工业互联网等“工业4.0”技术以推动产品生产效率和质量的提升，最终发展出自己的拳头产品与核心技术。这对诸多身处竞争领域的国有工业企业而言，挑战非常大：其一，技术与产线的调整升级所需花费巨大，很有可能带来内部财政危机，并影响员工工资收入等利益；其二，企业既有生产节奏不能停下，既有市场不能丢失，这意味着劳动生产率仍需提升；其三，技术与产线的调整必然带来生产组织安排的更新、劳动控制权分配的调整以及各种经济与非经济利益的调整，这很容易激化国企内部存在已久的劳资冲突问题。这一次，国企管理方用以应对上述难题的方式不再是改革开放初期“失序专制主义”下的专断压制，而是试图构建出一个用以弱化劳资冲突的二元劳动体制，在内部划定出了基于员工“身份”的排斥性界限，并据此进行劳动分工和资源分配：一方面，按照国家政策、法律法规要求满足正式员工各项权益，赋予其劳动自主性，并以车间政治的方式协调其利益诉求；另一方面，推动技术落后的老员工内退与退休，通过招收编制外工人来满足辅助性工作的用工需求，并以市场专制主义的方式来应对其利益诉求。具体而言，本书围绕围绕二元劳动体制的分析将关注以下几方面的内容。

第一，效率需要与合法性需要的两难与二元劳动体制之间的关系。国有企业作为经济组织和市场参与者，具有提升市场效率的需要，并希望效仿其他所有制企业对劳动者进行控制；但其作为中国特色社会主义的重要组成部分，国有企业有满足其组织合法性的需要，即必须严格遵守国家政策法规、各种意识形态要求与基层民主制度的要求，其在一定程度上无法像其他所有制企业对劳动过程进行有效控制。在产业升级的情况下，国企面对的效率需求与合法性需求的冲突更大，也更容易出现劳资冲突和部门冲突。在这种情况下，国有企业开始扩大招收非正式员工，并在内部构建出一个不断变化的二元劳动体制。国企管理层对正式员工的使用遵从合法性逻辑，使其享有国家向其许诺的福利保障、经济待遇和政治地位，而非正式员工则仅用来满足经济效益与弹性积累的需要。据此，正式员工与非正式员工的福利待遇、身份认同、文化观念、矛盾协调方式完全不同。

第二，国企二元劳动体制产生发展的历史情境。国企二元劳动体制并不完全是舶来品，而是在中国市场改革与新自由主义全球化相遇并交织的复杂历史实践过程中逐渐形成的。其中，以编制制度为核心的中国国企计划用工体制是其立基的历史土壤，双轨改革策略是其在中国市场转型时期得以延续的内生动力，而它又与全球资本弹性积累逻辑一道，不断推动着国企二元劳动体制的发展。本书将以 TY 公司与 ZG 公司的案例来呈现，非正式用工在计划经济时期就已经出现，在双轨改革逻辑下于 20 世纪八九十年代得到发展，并在中国加入 WTO 后继续扩张，最终在 2008 年《中华人民共和国劳动合同法》实施后形成并巩固。

第三，技术发展与国有工业企业的劳动过程变迁。劳动过程由“生产组织方式”与“生产中的关系”两方面构成，在政治经济环境变迁的影响下，国企的这两方面都发生了显著变化：其一，在生产技术、生产周期和生产协作变化下，国企“生产组织方式”逐渐转向灵活生产，增加了对非正式用工的需要；其二，“生产中的关系”明显恶化，企业要么不愿继续招收正式工人，要么试图以外协工人替代不服从管理的正式工人。总之，国有企业未建立起基于员工自觉性的劳动体制，而开始大量使用劳务工或外协工，并发展出二元劳动体制。

第四，二元劳动体制在不同企业中的类型与表现形式。劳动体制指的是在一定政治经济环境下结构化而定型并具备政治与意识形态效果的劳动过程。“二元劳动体制”指的是国企在生产中既使用有劳动合同的正式员工，又使用与企业无劳动合同的非正式员工，并对两个工人群体采取“分而治之”的管理控制策略。但是在实际生产中，不同企业根据其自身技术需要、劳动过程的不同而采用了不同的用工模式。比如，TY 公司采用的是“入厂包工”模式，ZG 公司采用的是“劳务派遣”模式，DL 公司采用的是“廉价农民工”模式。

第五，国企二元劳动体制转变的可能与逻辑。国企二元劳动体制是中国国有企业进行产业转型升级过程中，效率需要与合法性需要矛盾激化下采取的一种劳动体制。CS 公司的实践显示，随着国有企业产业升级和技术调整的完成，大量非技术工人将被数字产线所替代，正式员工的生产技能要求相应提升了，从事非技术劳动的非正式员工数量会相应减少。与此同时，随着企业市场地位的提升、内部劳资关系的缓和与正式员工劳动生产率的提升，企业对非正式员工的使用亦会相应减少。

第六，国企二元劳动体制与国企转型升级之间的关系。二元劳动体制与国企转型升级之间并不存在直接的因果关系，当然也不是“一试就灵”的高级措施。在企业内部劳资关系、正式员工怠工的状态下，二元劳动体制有助于降低企业劳动用工成本、提高劳动生产率，这为国有企业转型升级提供了机会，为其重塑内部团结争取了空间，这对于身处转型困难期的国有企业来说很重要。然而，国企能否实现转型升级，从社会学角度看，取决于国企“生产共同体”能否重建团结并凝聚出发展的合力。

从研究方法上看，本书对个案研究、访谈法与文献法进行了结合应用，以说明国企二元劳动体制的兴起与发展。具体而言，本书主要以四家位于竞争领域的国有工业企业作为案例，以说明生产过程、生产中的关系对二元劳动体制具体形态的影响。这四家企业分别是：位于珠三角地区，进行重型机械生产的 TY 公司；位于京津冀地区，进行冶金锻造生产的 ZG 公司；位于京津冀地区，进行新能源产品生产的 DL 公司；位于长三角地区，进行化工原料生产的 CS 公司。此外，这四家企业还可用来说明国企转型升级的四种状态，TY 公司的案例更全面地呈现了二元劳动体制是如何在政治经济变迁、企业自身发展历程、内部劳资矛盾加剧过程中兴起的；ZG 公司的案例则呈现了企业通过对二元劳动体制的使用来应对转型升级困境；DL 公司的案例呈现了采用了二元劳动体制的国有工业企业，其产业升级何以走向了失败；而CS公司的案例呈现了企业实现了全产线数字信息技术改造后，虽然国企生产共同体得到了重建，但二元劳动体制则延续下来。笔者对这四家企业的高层管理者、中层管理人员、基层管理人员、产线工人进行了深度访谈，并系统梳理了上述企业的发展历史、转型升级难题、劳资关系等问题。此外，笔者还收集整理了中国国家层面有关国企改革、国企工人权益等方面的政策法规和文件，对于这些政策法规和文件的梳理有助于了解国企二元劳动体制产生的背景。上述材料为本书的写作提供了有力支撑。

本书的核心章节安排如下：

第二章为理论回顾。在这一部分，笔者不仅对经典马克思主义理论、劳动过程理论进行了回顾，还分析了苏联、东欧的社会主义国家曾经采用的劳动体制，中国计划经济时期采用的劳动体制，国有企业市场转型时期的劳动体制，以及在新千禧年出现的各类新劳动体制。这一章为本书的分析奠定了理论基础。

第三章将介绍从1978年至今，中国国企转型不同阶段国家政治、经济、社会政策的安排，以呈现中国国企劳动体制变迁所嵌入的总体环境。这一章分析了国家—国有企业—工人之间的关系，而且分析了三者之间的互动模式，有助于读者对后续案例分析章节的理解。

第四章分析了TY公司从计划经济时期开始对非正式工人的使用情况，说明了该企业在20世纪80年代以及2010年后对非正式工人使用的两次扩张，及其在2013年前后的转型升级时期，采用了“入厂包工”的方式应对劳资纠纷、提升劳动生产率、降低生产成本，最终成功实现了产业升级。

第五章分析ZG公司在引入ERP数字化管理系统后，激化了原本存在许久的工人不满和劳资冲突，继而大规模推动老员工退休、内退，同时采用“劳务派遣”的方式弥补其生产能力的不足，借此机会更新其劳动者队伍。ZG公司案例显示出企业转型升级时期往往是劳资冲突的激化期，二元劳动体制则作为一种缓兵之计，使非正式员工替代了正式员工，为企业招收新员工提供了时机。

第六章分析了 DL 公司在引入数字化的无人产线后，采用以新生代农民工为主要劳动力的“精益生产”产线来填补数字化产线的辅助性劳动需要。然而，DL 公司的股东结构过于复杂，内部团伙林立、部门关系不和、腐败行动频出。二元劳动体制虽为 DL 公司内部生产共同体整合创造了条件，但自利逻辑的泛滥、共同体文化的缺失，使其内部难以实现整合，并使其转型升级走向了失败。

第七章分析了 CS 公司在上市重组过程中，对整体生产模式进行了升级，并引入了全数字信息化生产管理系统。与此相应，其服务外包的方式，使设备提供公司的员工进入本厂协助进行产线监控，以维持系统稳定性。CS 公司的案例说明了在产业转型升级完成、企业进入良性发展时期后，国企生产共同体的团结是能够得到重建的，但二元劳动体制却依然延续了下来。

第八章为本书的结论部分。本章从三方面对全书内容进行总结：第一，国企转型升级要求与二元劳动体制之间的关系；第二，二元劳动体制背后的社会公平正义问题；第三，国家—企业—工人关系的变化，以及国企劳动体制发展变迁的进程与未来。

第二章 劳动体制视角下的国有企业研究

本章将介绍劳动过程理论的产生和发展历程，“劳动体制”概念的意涵及其在分析中的具体应用方式。其次，本章将对资本主义与国家社会主义的劳动体制进行分析与比较。再次，对计划经济时期以及国企改革后，不同学者对于国有企业劳动体制的判断进行回顾。据此，本章将在最后部分介绍本书的理论依据与分析思路。

第一节 西方工业企业转型升级与劳动体制变迁

西方工业企业转型升级的历程亦是劳动体制变迁的历程，而劳资博弈成为推动工业企业劳动体制变迁的动力。管理方为了从工人手中获取劳动过程的控制权、降低用工成本、提升市场效率，不断推动劳动过程去技术化、持续改变劳动控制的方式。在此过程中，西方工业企业的劳动体制从专制主义走向了霸权主义。

一 从工匠劳动到去技术化

马克思的透彻研究曾令他的追随者认为无须再涉足生产领域，直到布雷弗曼通过《劳动与垄断资本》向 20 世纪 70 年代后的年轻学者发出了邀请与挑战，继马克思之后，再次将劳动过程置于分析的核心位置（布雷弗曼，1979）。

布雷弗曼，这名先后在造船厂、铁道修配厂、钢板厂做了十四年铜匠的工会积极分子，根据其自身的工作经验认为：资本主义，即便它的内在性质不变，其外在已经采取了新的组织方式，并且对生产关系产生了新的影响。马克思在《资本论》中曾对资本家的管理进行过分析。他认为对协作进行管理、监督和调节的职能是资本的职能，随着生产资料规模的增大，对这些生产资料的合理使用进行监督的必要性也增加了。但是，马克思关于这方面的论述比较细碎。布雷弗曼则在前者基础上更系统地阐述了劳动价值论与管理控制的关系：一方面，布雷弗曼进一步挖掘了劳动与劳动力的不同意涵。他认为，人类劳动与动物本质区别在于，在人类劳动中，概念和实行是可以分开的，也就是说，一个人想出的主意可以由另一个人去实行。但是人的劳动，作为一种身体机能，与吃饭、睡觉一样，是不能转让或买卖的。劳动力是人运用自己劳动机能的能力，所以资本家只有购买劳动力，才能获得劳动。另一方面，布雷弗曼根据劳动与劳动力提出了管理的困境。他认为，人类劳动力的特质并不是生产剩余的能力，而是其有理智、有目的的性质，生产依靠的正是劳动力这一性质。但是，正因为这种性质，资本家所购买劳动力的质和量是不确定的。随着劳动力的出卖，工人的劳动力转让给了资本家，这样，劳动过程就成了资本家的职责，把对劳动过程的控制权从工人手中转移到自己手中，就非常必要了。

布雷弗曼接着论证，20 世纪 70 年代的垄断资本主义劳动过程与竞争资本主义时期的最大区别就是“生产的去技术化”，即随着流水线、数控机床等信息技术的应用，设计、构想、计算、分析等脑力劳动愈发集中到不同管理部门手中，而原本手脑并用的劳动者愈加成为机器的延伸，他们的工作仅剩下简单的开动机器、给进工件、巡逻和检查这些简单动作。

布雷弗曼的论述看似是对马克思主义的简单重复，因为马克思曾指出：机器是“加紧吸吮劳动力的手段”，随着机器的使用，妇女与儿童都被抛到劳动力市场，不仅制造了过剩的劳动力，削弱了男工对资本专制反抗的能力，而且损害了工人的神经系统、肌肉功能以及精神上的自由活动，令劳动毫无内容（马克思，2004：487）。但实际上，布雷弗曼认为“二战”后的科技与机器与以往时代完全不同了：在以往的自动化机器时代，工业生产中的知识大多掌握在熟练工匠的手中，并使他们作为劳动过程的实际控制者，获得了相应的地位和尊严。而在“二战”后的信息技术时代，专业研究者在大公司的资助下，系统地提供了用于工业生产的科学知识。自身经验告诉布雷弗曼，自动化的机器增加了工匠师傅对机器的控制力，而数字化的机器则构成了机器对人的控制力，使劳动者沦为了工具。

劳动过程去技术化的意义是划时代的。布雷弗曼认为，对应着机器的物理演变的是社会关系的演变：技术知识成为一部分人的专长，他人无法染指，而劳动大众则越来越愚昧无能，只能从事机器上面的苦役。如果说，马克思所批判的是使工人同生产资料相分离的劳动过程——这如同将蜗牛的甲壳从它的身上剥离开，那么布雷弗曼所批判的就是生产去技术化的过程——这如同把灵魂从劳动者的身上抽离出去。

二　劳资冲突与劳动控制方式的变迁

爱德华兹（Richard Edwards）把工作场所称为“竞争之地”，他看到了布雷弗曼所忽视的工人的反抗与斗争。他认为，工作场所当然会有冲突，因为：

> 工人的利益与管理者的利益相互抵触，对一方有利的事情往

> 往是对另一方的损害。控制往往是成问题的，因为劳动力不像参与到生产中的其他商品，它是内在于个人的，而这些人有自己的利益与需求，他们运用自己的力量去反对自己像一个商品那样被对待（Richard Edwards，1979：12）。

在爱德华兹看来，工作场所是阶级冲突的场所，雇主管理的困难既不来自协调，也不来自将工人的劳动潜能转化为一定劳动量，而是来自工人反抗的能力。这样，面对工人长期的反抗，“经年以来，雇主试图通过重组和革新劳动过程来解决这个问题。他们的目标还是利润，他们的策略是建立起工作场所的控制结构”（Richard Edwards，1979：12）。工作组织的方式正是围绕着“遏制冲突”这个主题进行的。

爱德华兹认为工厂中的控制体系应该被看作三种要素相互协调的方式。这三种要素分别是：

> 指挥，或者说雇主指导工作任务的方法或机制，尤其是需要做什么、以什么顺序做、以什么精度来做、在哪个时间阶段来做；评估，或者说雇主对生产进行监督和评估的一套程序。其目的在于纠正生产中的错误或其他疏漏、估算每个工人的表现，以及识别哪个工人或哪组工人没有完成任务；纪律，或者说雇主用以奖惩工人的方法，其目的在于获得（工人的）合作以及迫使（工人）服从资本家对劳动过程的指挥（Richard Edwards，1989：18）。

资本主义劳动过程的变迁正是工厂控制体系的变迁，爱德华兹区分了从竞争资本主义到垄断资本主义的几种独特的控制体系。

第一，简单控制（simple forms of control），从原初资本主义到 19 世纪晚期，一直是资本主义劳动过程的主导。简单控制有两种形式：一种是企业主直接控制；另一种是等级化控制。在前一种形式下，雇主与工人的私人关系较紧密——甚至是亲戚关系，老板利用其克里斯玛型权威的地位，对工人进行控制，当然，这种控制可能是简单和粗暴的，也有可能充满父爱主义的色彩。在后一种形式下，工厂规模较大，技术工人扮演了工头的角色，他们自行雇佣帮工、招收学徒，并监督他们进行劳动，这被纳尔逊称为“包工头王国”（Daniel Nelson，1975）。1890 年到 1920 年间，西方社会走向了垄断资本主义，工业无产阶级逐渐发展壮大，一方面，雇主发现简单控制愈加不符合他们的需要；另一方面，工人也开始反对工头制。在美国，1894 年的普尔曼大罢工与 1919 年的钢铁工人大罢工终结了简单控制这种控制方式。

第二，技术控制（technical control）是在垄断资本主义时期新兴的控制方式，并沿用到今天。这种控制方式是通过分工、流水线和各种新技术手段完成的，实际上就是布雷弗曼所论述的“去技术化”。值得一提的是，福特主义被看作技术控制的典型。在生产中，工头不再指导生产，他只要保证生产能够顺利进行，真正控制着生产速度与劳动纪律的是流水线、数控机床、电子计算机、摄像头等。尽管借助流水线，雇主得以更有效地将劳动力转化为劳动，但是，这种生产方式却有一个极大的问题：只要工人按下按钮，整个生产线就会戛然而止。1936 年的通用汽车工人大罢工正是利用这一特点，在弗林特地区掀起罢工风潮，点燃了工业工联主义之火。当然，雇主亦被迫采用了新的控制系统。

第三，“科层控制”（Bureaucratic control）兴起于 1945 年之后，目的在于缓解 1930 年兴起的集体谈判对雇主的压力。科层控制是一种依靠员工守则、工作流程、工资等级表、工作分类、工序、岗位职责等规章制度进行控制的系统，这种控制系统并不是与以往控制完全决裂的新事物，而是建立在以往劳动控制系统基础上，弥补了其他控制方式的弱点。非个人化的“公司章程”与“公司规定”是科层控制的基础。工人的表现将根据岗位职责被监督与评估，而工头和管理者同样处于科层控制之下。除此以外，科层控制还鼓励合作与服从，即对积极的工人予以奖励和提拔，对不合作的工人则冠以“违反公司章程”的罪名予以解雇。科层控制制度化了公司内部既存的等级权力，使得权力看起来是源于组织制度本身，将人与人之间的社会关系遮盖在工作与工作关系后。当然，科层控制同样存在矛盾，最大的问题就是使工人转而要求国家去改变或修正科层控制的规则。

在爱德华兹笔下，尽管劳动过程变迁的根本动力仍然是资本对剩余价值的渴求，但是工人不是可以任意揉捏的油灰腻子，劳动控制系统的使用显然不是仅仅由雇主单方面决定的。工人的反抗所引发的劳资双方的争斗，构成了资本主义劳动过程变迁的实际动力。

三　劳动体制从专制到霸权的变迁

布洛维将18世纪原初工业化下的劳动体制称为“公司国家体制”。因为卷轴纺纱机需要以水力为动力，所以纺纱厂往往设在乡村的河边。这样，河边整个社区都被卷入生产中，男人被雇来修路、建厂房，而女性和孩子则被工厂雇佣来纺纱。工厂主会向工人提供住房、生活必需品、商店、教育和宗教场所，这样，在市场纽带与非市场纽带的共同作用下，社区与工厂被捆绑在一起，工厂如同国中之国（Burawoy，1985：92）。

随着骡机的使用，“父权劳动体制”发展起来，雇主招收按件计酬的男性织工，这些工人让他们的妻子、孩子等家庭成员做帮手。在“内部包工”安排下，这些师傅负有监督劳动与组织劳动的责任。这种劳动方式是建立在父权体制的条件上的，生产的政治规范性工具就是父亲对其他家庭成员的主导地位。令人悲哀的是，没有证据显示织工会出于对家人的关心而减少对他们的压榨（Burawoy，1985：93）。

随着越来越多的家庭成员集中在一家工厂工作，“家长体制”产生了。在“家长体制”下，工厂主并没有施加直接控制，他们通过建设公共的休闲生活——修建游泳池、日校、主日学校、饭堂、体育馆、图书馆、教堂等设施，来提高自己的影响力。在很多工厂社区，这个大家庭成为使工人合作和顺从的有效工具（Joyce，1980：111–116）。

布洛维认为，马克思在《资本论》中所讲述的是“市场专制主义”的劳动政体，但这并不是竞争资本主义时期的主导。“市场专制主义”的存在条件是：第一，在市场竞争下，资本家不断地通过增加工作时间、增大工作强度，以及使用新机器以推动生产；第二，在概念与执行分离的情况下，工人完全臣服于资本；第三，工人除了工资以外，没有其他任何生活来源；第四，国家仅仅是保证生产的外部条件，不对生产场所进行任何规范和干涉，而市场又很混乱（Burawoy，1985：89）。

随着垄断资本主义阶段的到来，“霸权体制”成为主导，工人的劳动建立在“同意”而非“强制”的基础上，他们倾向于认可自身利益与雇主利益的一致性。“二战”后，资本主义国家对生产过程的干预破坏了劳动力再生产与生产积极性之间的纽带：一方面，社会保障法令保证了工人在不参与生产的情况下的最低程度的劳动力再生产。而最低工资标准的建立使得计件工资不再能被任意降低以加大压榨量。另一方面，国家对剥削性工资制度赖以生存的管理控制方法的直接限制。强势的工会、申诉制度以及集体谈判保护了工人免受任意解雇、罚款、降低工资的威胁。劳动力再生产的自主性得到进一步加强。总之，“现在管理者不再能够完全地依赖市场的经济皮鞭了。工人必须被劝说与管理进行合作”（Burawoy，1985：126）。

20 世纪 80 年代后，一种新的专制主义取代了福利资本主义时期的“霸权体制”。这种劳动政体被布洛维称为“霸权专制主义”。资本的利益与工人利益在具体而言仍然是一致的，但是，以往劳资双方的妥协是建立在资方让步、工人分享企业利润的基础上，而 80 年代以后，劳资双方的妥协则是建立在工人让步、工人承担企业相对利润率损失的基础上。在那些利润率下降的企业中，工人被迫在降低工资与失业之间做出选择。

这种新的专制主义并不是市场专制主义的再现，也不是对个别工人的压榨，而是资本的流动性在应对组织性的工人时的“理性”行动。劳动力再生产重新与生产过程绑定在一起，但是，这种绑定不是发生在个体工人层面，而是发生在公司、区域甚至民族国家的层面。工人个体对解雇的恐惧为工人集体对资本逃离、工厂倒闭的恐惧所替代。

正如布洛维所总结的：“生产不仅是经济的、技术的，而且是政治的与意识形态的。”我们之所以将劳动过程作为研究对象，正是因为它处于国家、市场、社会政体系统运作的中心，不仅直接受到上述因素的影响，并参与到政治经济体制的建构中，成为其中的核心环节。对劳动过程进行考察的真正目的在于，通过对这个“隐秘的核心”的剖析，一方面，发现特定政治经济制度的运作逻辑与内在矛盾；另一方面，分析在这种政治制度下，社会生产关系的再生产方式。劳动过程理论原本发轫于西方社会，该理论的核心目的是揭示资本主义生产关系再生产的方式与矛盾。那么，中国国有企业的劳动体制又具有怎样的特征呢？对于生产关系再生产具有怎样的影响？我们需要从计划经济时期的国企劳动体制看起。

第二节　苏东社会主义国家转型升级的挫败

尽管苏联、东欧的国家社会主义劳动过程的本质是一样的，但在不同的国家、官僚介入方式下，具体劳动过程是不一样的，劳动体制也是不一样的。那么，国家社会主义具有哪几种劳动体制？决定劳动体制的因素是什么？

我们先来看看布洛维的观点，他认为国家社会主义下的劳动体制是“官僚主义”的，因为工厂与国家机器在制度上是融合的。劳动力再生产是否具备可选择性决定了官僚主义的政体是专制还是霸权的。如果工人的劳动力再生产仅能依附于国家，那么他们就不得不服从于严苛的计件率，劳动是基于强迫的，而劳动体制是官僚专制主义的；如果工厂不再全面控制消费品的分配，工人劳动力再生产既可以依靠国家，又可以依靠市场，那么管理者就需要诱使工人合作，这时，劳动体制是官僚霸权主义的（Burawoy，1985：12–13；1992：33）。基于此，他认为苏联与中国的劳动体制是官僚专制主义的，而匈牙利的劳动体制是官僚霸权主义的。

布洛维的判断是正确的，但并不足够，因为他没有考虑到，国家社会主义官僚体系的不同、国家介入方式的不同、劳动过程组织方式的不同，会造就多样的劳动体制。例如，中国与苏联的劳动体制是截然不同的——尽管两国都不存在商品市场、工人劳动力再生产都仅依赖国家；匈牙利与南斯拉夫的劳动体制也是相差甚远——即便两个国家都拥有第二经济。作为对布洛维的补充，笔者认为，政党—国家能力与企业管理权力是决定国家社会主义劳动体制的重要因素。

第一，政党—国家（Party–State）能力，即政党—国家对劳动过程的控制能力，具体指的是中央计划者迫使下属企业按其要求进行生产的能力。影响政党—国家能力的因素有两种：一是，国家机器与工厂在制度上的融合程度。企业中派驻的中央机构越多，融合程度越高；反之，融合程度较低。二是，国家控制劳动过程手段的多样性。国家的控制手段越多样化，控制力越高；反之，越低。

政党—国家能力越强，中央的要求就越能得到落实，生产更多的是服务于中央计划者的利益与要求，企业追求自身私利的空间更小。例如，在苏联和中国，前者不仅利用各项中央计划指标，还通过科学管理、计件工资制度、意识形态工具对直接生产者进行控制，而后者除了各项极为详细的中央计划指标，还通过各种委员会、工作组、群众运动、派驻机构、思想武器对直接生产者进行规范，防范企业与个人私利的产生，保证了企业对国家要求的遵从。反之，在匈牙利或南斯拉夫，国家对企业仅以较有限的方式进行指导，或采取较放任的管理方式，企业的相对自主性较高，导致直接生产者追求自身私利的空间更大。

第二，企业技术官僚权力，即作为技术官僚的厂长、中层管理者、技术人员管理劳动过程的权力。国家社会主义存在两种类型的官僚：一种是以厂长、中层管理者、技术人员为代表的技术官僚；另一种是以党政干部为代表的政治官僚。技术官僚更倾向于使用厂长负责制、泰勒科学管理制度、劳动守则、计件工资等方式对劳动过程进行管理；而政治官僚更倾向于通过非科层化的手段，例如，劳动竞赛、群众参与、政治思想工作等方式组织生产。另外，对劳动过程进行管理的可能既非技术官僚也非政治官僚，而是工人自治团体，在这种情况下，劳动过程倾向于采取更民主的工人自组织方式进行。

根据上述两种因素的不同结合方式，国家社会主义形成了如下四种理想类型（如表 1.1 所示）。

表 1.1　国家社会主义的理想类型

		政党—国家能力	
		强	弱
劳动过程的组织者	技术官僚	官僚专制主义（苏联为典型）	官僚霸权主义（匈牙利为典型）
	非技术官僚	群众参与主义（计划经济时期的中国为典型）	工人自治主义（南斯拉夫为典型）

第一，政党—国家的能力强，劳动过程的组织者是技术官僚，劳动体制是官僚专制主义的。在这种劳动体制下，技术官僚代表政党—

国家对劳动过程进行控制，通过泰勒制的科学管理、计件工资制度、严格奖惩的方式进行劳动管理。政治官僚则是技术官僚的有力辅助，他们通过思想监督系统、政党教化系统对工人的政治思想进行规范。结果，工人一方面处于严格的生产规章制度和计件工资制度下，只有通过卖力生产才能挣够一定计件工资；另一方面又处于严格的政治控制系统下，不能轻易表达不满。20 世纪 30 年代后，尤其是斯大林时期的苏联是这种劳动体制的典型代表。

第二，政党—国家的能力强，但劳动过程的组织者不是技术官僚，劳动体制是群众参与主义的。在这种劳动体制下，技术官僚的权力受到限制，科学管理、劳动守则、工资激励等企业管理制度被放弃，书记、工会等政治官僚代表政党—国家对劳动过程进行控制，并通过共产党所擅长的群众动员、政治工作、思想改造等方式进行劳动管理。技术官僚是政治官僚的辅助，他们在生产中不具有决定权，意见也经常被否决。结果，工人在政治官僚父爱主义的领导下参与到生产中去，但因工资激励被取消，工人收入并不高，劳动纪律也经常被忽视（吴长青，2012；林超超，2013）。毛泽东时代的中国是这种劳动体制的典型代表。

第三，政党—国家的能力弱，劳动过程的组织者是技术官僚，劳动体制是官僚霸权主义。在这种劳动体制下，中央虽然委托厂长等技术官僚对劳动过程进行组织，但仅以计划指标和政策法规等方式对其进行指导，而基层党组织和工会不具备实权，企业层面的自主性较高。企业自主性没有带来对工人的压迫，反而带来了技术官僚与工人的合作。在国家社会主义下，企业面临的不是市场竞争，而是锦标赛似的官僚竞争（周飞舟，2009），预算约束也是软的，它们不需要为企业亏损埋单。而在短缺经济下，劳动力同样是短缺的，企业需要通过获得技术工人的合作来扩大生产，增强与中央讨价还价的能力。这时，企业管理者与工人形成了同盟，共同破坏中央计划制订者的规定

（Sable & Stark，1982）。这时，管理者通过工时定额放水、质量监管放水、默认少数偷懒行为等方式换取他们的合作，劳动体制呈现霸权的特征。匈牙利国家是这种劳动体制的典型代表。

第四，政党—国家的能力弱，劳动过程的组织者又不是技术官僚，这时劳动体制是工人自治主义的。在这种政体下，政党—国家在基层社会中的权力受到严格控制，中央计划者仅以计划指标对企业生产进行指导，企业具有很高的自主性，但是，对生产进行直接管理的不是技术官僚，而是工人自治集体（Hunnius，1973）。由工人选举出的工人委员会不仅有权任命和弹劾负责生产事宜的企业管理委员会与厂长，而且能够在更高的层次上参与到企业工资水平、追加投资水平的制定中，并对产品价格、产品计划、企业预算、企业收入的分配具有正式否决权（Kolaja，1965）。这种劳动体制比较特殊，南斯拉夫是其典型代表。

值得注意的是，不同国家的劳动体制在一定程度上影响了其市场转型的道路。无论是官僚专制主义还是官僚霸权主义都在生产场所制造了技术官僚与工人之间的矛盾。在这种生产政体下，企业为了在官僚竞争中胜出，在日常生产中向工人施加压力、推卸自身责任、不断调整计件工资率，结果导致日益严重的贫富分化，政党—国家在底层民众的日常生活中扮演了剥削者的角色。在劳动过程中产生的不满在转型阶段发展成为明显的反共政治倾向。在东欧国家，工人阶级急切地反对共产党政权，除了波兰的团结工会运动，在 1990 年的匈牙利公投中，共产党只获得了 11% 的选票（Burawoy，1992：150）。民众的反共倾向加速了东欧国家“自发私有化”进程。尽管匈牙利国有企业私有化的进程充斥着技术官僚联手西方资本劫掠国有资产的勾当，但大众对旧体制过于反感，他们不仅没有阻止集体资产的流失；相反，他们竟然反对国家对私有化过程予以规范，并要求推动政治变革（Burawoy，1992：155、170）。

第三节　中国计划经济时期的劳动体制

很多学者认为，中国计划经济时期劳动体制不能等同于苏联、匈牙利等国家的趋同论（李猛、周飞舟、李康，1996）。在对中国计划经济时期劳动体制的研究中，最具启发性的是华尔德的论著。他通过对逃港的中国工人的访谈，对国家对个体的支配、管理者对劳动者的控制的探究，发现了中国计划经济时期工业企业权力结构的独特特征与劳动体制，并将其概括为“新传统主义”。

“新传统主义”意味着国企生产中存在有原则的任人唯亲。也就是说，车间干部会刻意地发展出一些积极分子来，这些积极分子会支持、协助车间干部的工作，比如，下班后留下来打扫卫生，在各类政治会议上积极发言以支持车间干部。在这种情况下，国企车间中会发展出基于“依附—庇护”关系的小团体来，这些小团体之间存在着派系争斗的关系。另外，那些没有进入小团体的工人，则在彼此之间发展出私人关系网络来进行相互帮助。最终，国有企业形成了一种特殊的权力结构：一方面，管理者吸引少数效忠于他们的工人同他们合作；另一方面，普通工人则发展出以私下交易、相互照拂为特征的车间文化，来使自己渡过难关。因为不同群体有不同的出路，不同工人有各自解决问题的办法，这样，他们也就不会为难管理方并在劳动过程中发起冲突了。

那么，“新传统主义”是如何产生的呢？华尔德认为，计划经济时期，雇佣并不是一种市场关系，企业也不单纯是生产单位，还是分派与发放各种公共福利的地方，这样，工人对直接领导、企业和国家存在三重依附关系：首先，工人在社会地位和经济收益上完全依附于企业；其次，工人在政治上依附于厂领导；最后，工人个人在生产上依附于其直接领导。这三重组织性依附关系构成了企业干部的权力来源。华尔德将计划经济时期工厂中的生产场所称为“车间里的包工头王国”。他认为，虽然车间主任或工段长没有过去包工头掌握的那种生产过程的控制权，他们也不能在不征得厂部同意的情况下随意解雇工人，但在党政合一制下，他们比包工头掌握了要广泛得多的奖励和处罚手段（华尔德，1996）。

那么干部的权威是怎样获得的呢？华尔德认为，这种干部权力的行使遵循着“新传统主义”的逻辑，并形成了特定的权威的制度文化。在这种权力的行使逻辑下，领导和少数积极分子发展起“庇护—依附”关系，以福利和物质的分配来换取后者的忠诚，这样，积极分子愿意努力工作、加班加点和进行义务劳动；而大多数工人则是对生产和政治都没有太大热情的非积极分子，他们和厂医、质检员等其他工人发展“实用性的私人关系”，进而获得各种便利和好处，这种有些“腐败”的劳动治理方式导致了工人积极性的下降。在对劳动进行治理中，“复兴革命精神”和政治动员也是如此，有人试图通过批判私人关系、恢复政治忠诚来提高工人的工作积极性，但实际工资的下降和住房短缺的加重却使得任何鼓励生产积极性的办法都无法起到明显效果（华尔德，1996）。

但是，“新传统主义”所强调的领导权力受到不同方面的挑战，李猛等人认为在单位中的权力并不是单向度地集中在领导手中，领导的晋升不仅需要非正式的精英关系网，还需要下级的支持和配合，这使其对下级也存在着依赖。领导亦不是铁板一块，领导之间因利益差异而产生派系分化，领导亦会通过资源分配来增加本派系对下级的吸引力。结果，单位中的权力结构呈现出上下延伸、平行断裂的样貌（李猛、周飞舟、李康，1996）。

蔡禾的研究则指出，国企职工确实对企业资源存在高度依赖，但是这恰恰削弱了工人对领导的依赖，并削弱了领导权威。蔡禾将国有企业提供给职工的福利保障称为“身份报偿性资源”，这意味着只要是正式职工，他就有了几乎不能剥夺的享受一系列资源的权利。除了那些在政治上要求上进的工人愿意努力劳动外，领导控制的行为报酬并不构成大多数工人服从管理的原因。蔡禾从“合法性”与权威的角度指出，国有企业职工更看重领导的权威人格——领导是否公正、任人唯贤、随和、与群众关系好。工人不会仅仅因为某人是领导而对其服从，如果此人的决定不公正、不合理，工人便会拒绝执行。结果，国企管理难度变得更大，管理者只好发展与下属的非正式关系（蔡禾，1996）。

张静也发现了国企劳动治理中的难度。她认为，在“政行合一制”的制度设计下，职工利益的传达与行政管理是结合起来的：一方面，职工虽在部门领导的行政管理下，但亦需要通过他们组织、转达和解决其利益诉求；另一方面，各级领导还承担了上传下达的职责，必须回应基层的合理要求。在这种利益组织方式下，职工需要公开要求和私下“游说”领导来提出诉求、获得资源、解决问题。这套制度赋予领导解决问题的弹性，将因争夺资源而起的冲突抑制在单位内，其结果虽然阻止了冲突的蔓延，却鼓励了人们对权威的依赖（张静，2001）。

第四节 改革开放初期中国国企的劳动体制

改革开放后，中国国企劳动体制研究获得了发展，学者观察到的最明显变化就是国家从生产领域退出带来的管理控制方式转变。

一 无序专制主义与集体懈怠

Minghua Zhao 与 Theo Nichols 于 1993—1994 年对河南三家棉纺厂进行了调查，他们发现棉纺厂管理阶层对生产过程的控制权力急剧膨胀，党和工会不再支持工人，为了追求利润，管理者采取延长工作时间、满负荷工作制、提高任务定额、加快机器运转速度、控制出勤率、经济惩罚等方式对工人进行控制和强化劳动过程，而这些方式对工人造成很大伤害（Zhao & Nishols，1996）。

李静君在同时期对A市中小型国有企业的研究中将这种工厂体制称为“无序专制体制”（Lee，1998）。她认为市场对社会主义制度的补充并没有如同布洛维的论述，导致官僚霸权体制。在市场化的大潮下，A市国有企业中的党支部与工会的力量逐渐边缘化，随着福利的商品化和终身雇佣制度的废黜，人们不得不依靠工资过活。在以市场效率为核心的竞争中，庇护主义从车间中消失了，劳动过程呈现出以强制性的劳动控制、经济处罚方式、工人之间冲突增加为特征的“无序专制主义”的特征。在这种情况下，工人既无法依附于企业，也无法依赖刚刚开始建立的社会保障制度，而是陷入了转型鸿沟中。

国企工人对劳动过程中的“无序专制主义”的回应是“集体懈怠”（Lee，1998）。“集体懈怠”最初的提出者是周雪光，他认为在国家社会主义特定制度结构下，人们的不服从、倦怠、逃避与冷漠是一种集体性的行为，并具有特殊的政治意涵。当国家控制变得紧张时，公开的反对过于危险，集体懈怠就会出现。像是看不见的静坐，这种“不行动”会因其“集体性”给予国家压力，对其合法性构成挑战，并阻碍其政策推行能力（Zhou，1993）。李静君进一步认为，工厂中的“集体懈怠”主要表现在藏定额、不努力、工作时断时续以及炒更。然而，这种“集体懈怠”状态很难说是反抗，甚至这可能并不是工人们的主动选择，一方面是因为案例公司一直都存在开工不足的情况；另一方面则因为案例公司中的工人是分化的。根据工人对市场转型的文化体验差异，李静君将他们分为三种：社会主义的背叛，社会主义的转型，社会主义的解放。第一种工人认为当下的情况是对社会主义的叛离；第二种工人认为当下的情况说明社会主义已经发生了转型；第三种工人则积极地拥抱了市场经济。在这种情况下，市场削弱了阶级团结的可能性，有能力的工人已经通过市场自谋出路，而剩下的工人则不得不接受强制性的管理（Lee，1999）。

二　非正式用工与新单位制的出现

还有一部分学者看到的是国有企业劳动体制的独特性：张璐在对七家不同所有制的中国汽车制造企业进行研究后，发现中国的汽车行业基本都借鉴了福特主义的大规模生产原则，流水线、生产加速、超负荷工作在中国所有汽车装配厂里都存在。但是，外资汽配企业与中国汽配企业在劳动体制上仍然存在差异：外资企业更倾向于使用“精益—刻薄”体制（Lean-Mean Regime），而国有企业更倾向于采取“精益—二元”体制（Lean-Dual Regime）进行生产。国有汽车制造企业聘用了正式工与派遣工两种工人，正式工享有较高的工资、齐备的社会福利保障，还被安排到油水较高的工作岗位，管理者与他们建立起了霸权式的劳动关系，而派遣工的劳动合同并不是与汽车制造企业签订的，而是与劳动服务中介签订的，他们仅仅被派往一条生产线工作三个月到一年。虽然他们的工作周期能够被不断增加，但当企业不再需要他们的时候，派遣工就会被送回中介，而且得不到任何赔偿。这些非正式雇员不仅要从事较累的工作，并且工资水平比正式工人低，还不享有福利待遇（Zhang，2008）。

佟新通过对四家国有企业的研究发现，转制后国有工业企业存在简单控制型劳动关系，即经营管理者依靠其对劳动力的坚实支配权对工人劳动进行控制。这种劳动关系表现为企业目标已经转变为绩效目标，国有企业劳动关系主体等级化，经营管理者与国家保持着紧密的联系，得到其政治与经济的双重庇护，并具有绝对支配权；技术人员有明确的市场优势，并形成了一套高级技术人员的个体性谈判策略，但他们是个体化和碎片化的；技术工人虽享有传统国有企业的保护，却呈现老龄化趋势，后继乏人；而大量低价非正规劳动力——诸如外协工、劳务派遣工的使用，使等级化的用工模式达到极端（佟新，2008）。

刘平等通过对限制介入性大型国有企业进行研究发现，这些企业汲取了传统体制和市场机制的双重元素，传统单位制经由近三十年的改革转变成为“新单位制”。这些企业在内部则凭借经营管理国有资产的各种权限，使优势资源的资源效率转化为单位福利。

新单位制与传统单位制的区别主要有以下几点：第一，传统单位制下，国家对企业进行外部化控制，国有企业的生产、原材料的采购、产品的定价与销售、职工的招收和辞退、薪酬的决定和福利分配等，基本上是由企业的上级主管部门（国家）控制，而现在国有企业的经营主体在生产资料的使用权、收益权、处分权方面，在企业管理中的人事任免和经营决策方面，都有了巨大的内部运作空间，限制介入性国有企业则凭借经营管理国有资产的各种权限，使优势资源的资源效率转化为单位福利。第二，在传统单位制下，国家全面占优和控制各种社会资源，不同企业根据其行政级别高低和在国企目标中的地位获得有差别的资源，而在新单位制下，单位组织作为一个利益主体和利益整体的意义日益突出。相关资源及其效率的大小开始与单位挂钩。第三，在传统单位制下，只要取得了“国有”身份，成为“国家的人”，不管具体企业如何，都享有大致相同的福利资源，单位只是获取“国有”身份的阶梯和途径，一旦个人获取了这种“国有”身份，就具有了超越具体单位的统一的制度保证。在新单位制下，占有和支配国家优势资源的限制介入性大型国企，凭借其拥有的资源优势和资源效率，不断改善单位职工的生活福利，这种不再被整个社会平均的企业效益在不同单位的不同程度的沉淀，加速了国有企业之间的分化，由此形成了单位职工对这种单位不同程度的新的依赖。

在新单位制下，一方面，“一企两制”的情况出现了，即企业由国有和非国有两种产权形式的企业构成，并采取两种不同的管理体制和分配体制。传统单位制中的派系结构也发生了变化，成为层化结构：干部和管理者享有年底分红的机会，工人则没有。另一方面，新社会共同体出现了，限制介入性国企不仅在雇佣上形成了内部劳动力市场，而且也形成了自身企业文化（刘平、王汉生、张笑会，2008）。

而 Cliff 通过对塔里木油田公司的民族志研究认为，社会主义时期的单位制在市场转型后依然存在着（Cliff，2015）。市场改革使得传统单位中的父爱主义实践在某些不太市场化的国有企业中的存续是可能的。作者发现，塔里木油田公司处于国家科层体系中，它的行政级别仅比省部低一级，比其所在地库尔勒市的行政级别还要高一级，这意味着油田公司不属于地方政府管理。不同类别的雇佣之间存在明显差异，并且雇员之间的分层对于在市场化情况下保持单位制非常重要。塔里木石油公司成立于 20 世纪 80 年代后期，其员工人数仅为 12000 人，而克拉玛依油田和大庆油田的雇员数则高达十万人，所以塔里木石油公司并不需要让员工下岗。Cliff 认为，塔里木油田的员工与企业之间的关系受到改革时期的“社会契约”的保护。

Cliff 指出，“新单位制”指的是一种传统的社会主义企业组织形式及其社会结构对于新经济条件的适应力。其特征是：它仍然向职工提供诸如医院、学校、影院、文化中心、体育场、游泳池等福利设施，仍然向职工提供保安、防火、保健、供暖、教育、计划生育和户口管理等社会服务。但是，石油公司并非对其所有雇员都一视同仁地施以父爱主义，单位“大家庭”也并不是对所有员工而言的。石油公司的雇员被分为三个基本类别：永久工、合同工和临时工，不同雇员享受的待遇差异很大。临时工基本不会获得提升，他们的社会保险也仅限于养老保险、医疗保险和失业保险“基本三项”，他们的保险金额也只是永久雇员的三分之一。合同工则与乙方服务单位签订用工合同，他们的工资、福利都是依赖于其雇主。而永久雇员本身也存在分层，技术水平、教育程度、工龄和工作区域都是决定其地位的重要因素。Cliff 将这种分层情况称为“选择性的父爱主义”。

就像国家社会主义时期的单位一样，这家石油公司制造出了依附并且限制了社会流动，即使在今天，人们对于进入单位的愿望仍然极其强烈。人们的身份认同更偏向于“单位认同”，而不是职业认同，石油公司的员工在婚姻市场上都比其他人更有优势。在塔里木油田的工作仍然被看作“铁饭碗”，稳定的单位生活被赋予了极高的价值，“稳定性”成为一种阶层符号。

上述学者意识到二元化劳动用工模式在国企内部的存在，以及非正规劳动者对于国企推进生产劳动、应对劳资利益冲突的重要性，该现象背后的理论问题仍然值得继续研究。而本书需要说明的问题是，在单位制已然解体的情况下，国有企业面临转型升级的重大挑战时，其在应对劳动冲突，乃至其背后的经济效率与社会合法性两难时，构筑出了怎样的劳动体制。

第三章
国企改革的政策历程

国企改革并不等同于抽象的“经济发展”，其背后是中国社会持续进行的政治经济社会系统深层调整。可以说，1978年以来，国企的每一次改革——如同中国社会整体改革一般，都对国企内部组织秩序产生了极为重要的影响，并使国企劳动关系产生了剧烈震荡。只不过这种震荡所处的空间是不同的：第一轮国企改革带来了围绕福利分配问题的劳资争议，并引起了国企职工以职代会为阵地的热烈讨论；第二轮国企改革引发了工人下岗大潮，并带来了以要求养老金、对抗管理层腐败为核心的劳资争议，引起了国企工人以护厂、上访等街头抗争为核心的集体行动；第三轮国企改革引发了围绕国企内部管理制度的争议，并带来了工人在日常生产中针对各种规章制度的车间政治；那么在第四轮国企改革——以股东价值最大化、管理系统化、生产数字化等高度理性化理念为内核的改革——推进的过程中，其所出现的问题又是怎样的呢？这便是本章所要探讨的问题。

第一节　国企改革起步期（1978—1992年）

1956年社会主义改造基本完成后，占有主体位置的国有企业成为中国经济的中坚力量，为新中国成立初期国民经济的恢复和发展做出了积极贡献。然而，计划经济体制下的国有企业并无自主经营权，各项生产和经营活动皆服从国家制订的指令性计划，企业生产环节所需的人力、物力、财力均按计划统一调配，产出的产品由国家“统购包销”，经营所得的大部分利润及折旧基金必须上缴所属部门。故在此阶段，国有企业被视为无权、无利、无责的政府主管部门附属品。随着社会主义建设的不断推进，高度集中的计划经济体制下的传统国有企业逐渐暴露出种种弊病。

第一，管理主体分散，存在严重的重复建设现象。1956 年改革后，国家对国有企业的管理分为中央管理，中央和地方共同管理、以中央管理为主，中央和地方共同管理、以地方为主和地方管理四种形式。在这种政企不分的管理体制下，国有企业的管理主体往往是不明确的，且并没有统一的出资人代表，这导致管理效率低下、重复建设现象普遍，给国有资产造成重大损失。

第二，以产定销，社会生产与社会需要不匹配。在否认市场行为的计划经济体制下，国有企业无法自主做出生产与销售安排，无论产品有无实际需求，国家均统购包销，一方面，这导致数量惊人的积压库存，造成严重浪费；另一方面，与生产生活密切相关的、计划之外的物质资料却面临短缺。

第三，国有企业并非利益主体，缺乏生产积极性。根据统收统支的财务制度，国有企业造成的亏损由国家进行补贴，而国有企业创造的利润，除小部分留作厂长基金外，其余需全部上缴，折旧费也要按照隶属关系交由相关政府部门。国家对亏损企业和盈利企业的无差别待遇，使得国有企业发展的动力普遍下降。此外，企业的改建、扩建、技术革新等须经由烦琐的申报审批程序方可进行，这又极大地挫伤了国有企业追求进步的积极性。

第四，“铁饭碗”“大锅饭”，国企员工缺乏积极性。在传统的计划经济体制下，我国实行的是全国统一的工资制度，从企业领导到普通工人的工资水平整体较低，且职工收入与企业的经营状况、自身绩效并不挂钩，出现了“干好干坏一个样”的不合理现象，这在很大程度上挫伤了职工的积极性和创造性，造成了人力资源的浪费。

针对上述问题，在这一阶段的国企改革中，国务院于 1979 年 7 月颁布了《关于扩大国营工业企业经营管理自主权的若干规定》及相关补充文件，提出国有企业在完成国家下达各项经济计划的情况下，实行企业利润留成，并逐步提高固定资产折旧率，且应率先利用库存积压物资。

除了对企业与国家分配关系进行调整之外，本阶段的国企改革也进一步明确了企业的经济责任。1981 年 10 月，国务院批转了国家经委、国务院体制改革办公室制定的《关于实行工业生产经济责任制若干问题的意见》(以下简称《意见》),《意见》明确提出了建立和实行经济责任制的要求。放权让利和经济责任制的推行给国有企业的发展注入了巨大的活力，国家财政赤字也明显缩减。然而，这一轮国企改革中的问题也逐渐显现。对于改革核心的利润留成制，其矛盾在于，尽管打破了“吃大锅饭”的局面，但现实情况是各个国有企业盈利水平差异很大，如何确定合理的基数和留成比例是十分棘手的难题，这也导致“争基数、吵比例”现象频繁出现，且通常基数越大，计划指标越高，因而也形成了“苦乐不均”“鞭打快牛”的局面。不仅如此，由于缺乏对于预算的有效约束，国有企业盲目投资不可避免，造成了对资金、资源的极大浪费。同时，由于企业的上缴利润要通过企业隶属关系上交国库，企业仍然不能改变对地方和部门的依附地位。1983 年年初，随着国有企业经济体制改革的进一步发展，国家决定将新一轮调整的重点转向税制，过去以利润留成为特征的经济责任制被“利改税”所替代。

“利改税”的本意在于克服企业平均主义，然而事实上，1983 年的“利改税”尝试却以失败告终，原因在于，在旧有的计划经济体制框架下的改革，无法转变国有企业原有经营机制，国企并不是真正的市场主体和独立自主的商品生产经营者。此外，政策制定时否定了具有弹性的利润分红关系，以静态的税率指标去规范动态的经济运行的做法是不可行的，并且在此过程中，国家没有区分其国有资产所有者和社会经济管理者的双重身份，也混淆了行政权力和财政权力，国家成为固定收益者，而风险则完全转嫁给了企业经营者。因此，随着第二步“利改税”的推行，国企效益出现了整体性、持续性下滑，最终，两步“利改税”在昙花一现后被承包经营责任制所取代。

1988 年 2 月，国务院发布了《全民所有制工业企业承包经营责任制暂行条例》（以下简称《条例》），《条例》规定，承包经营责任制是“在坚持企业的社会主义全民所有制的基础上，按照所有权与经营权分离的原则，以承包经营合同形式，确定国家与企业的责权利关系，使企业做到自主经营、自负盈亏的经营管理制度”。不可否认的是，承包经营责任制（以下简称“承包制”）在很大程度上提高了企业的经营自主权，促使企业加强内部管理，比较有效地控制了积累基金和消费基金的不合理增长，达到增产节约和增收节支的目的。从 1987 年开始，全国上下掀起了第一次承包热潮，承包制在早期阶段收效显著。

从产权关系来看，放权让利改革改变了过去国家直接经营和管理国有企业资产的状况。国家与国有企业之间不再是完全意义上的上下级行政关系，国企逐渐摆脱了政府机关附属物的地位，资产经营管理与经济利益相脱节的状况也得到很大改善。随后的承包制改革则进一步确立了国家与国有企业间委托经营的关系，在法律层面认可了企业作为资产经营者的地位，国家仅作为企业资产的所有者，并把资产委托给企业经营，原则上不可直接运用行政权力干预企业的经营活动。

从利益分配关系来看，在放权让利时期，企业在分配时的自主权不断扩大，后经承包制改革，企业与国家在利润分配上的决定权从完全由国家决定转变为国家与企业通过谈判签订合同的形式。随着改革的深化，分配关系逐步与所有权和经营权分离开来，并与企业的生产经营权联系起来，原来企业与国家之间模糊的利益分配状况逐渐明晰，并呈现多元化的趋势，打破了过去利益主体单一，即只有国家获利的不合理情况，改革方案兼顾到了国家、企业、职工三方利益，并在很大程度上打破了国企“吃大锅饭”的局面。

从经营关系来看，总体而言，国有企业的经营权经历了从无到有、从小到大的变化历程。改革开放前，国家是企业经营的主体；扩权改革后，国家将生产经营过程中的人、财、物、产、供、销等方面的权力让渡给企业，之后的承包制改革使得国企自主经营初步具备了实际内容，进一步明确和扩大了企业的经营决策权，并以合同的形式规定了企业的权利、责任和义务，不过国家和国企在劳动用工的关系上并没有发生太大的变化，企业在经营过程中的人事任用问题上并没有获得自主权。尽管由于计划经济体制的缺陷以及配套法规的缺失，企业的自主经营权并没有落到实处，但不可否认，这仍是一次有效的尝试。

从党政关系来看，1984 年之前的近三十年里，我国国有企业在原则上一直实行党委领导下的厂长负责制和党委领导下的职工代表大会（即“职代会”）制，企业党委是企业的领导核心，厂长负责制的出台逐步提升了厂长的决策权力，将党委职责弱化为企业的思想政治上的领导以及生产经营方面的监督，之前党政不分、职责不清、无人负责的局面得到了极大改善。但是，受国情影响，加强党的领导之后又被提上日程，国企党委的职能从此也得到持续强化。

总而言之，虽然从企业效益上看，这一阶段的国企改革成果并不尽如人意，但不可否认，很多改革思路仍有其可取之处，这些经验和教训也为新一轮建立现代企业制度的改革所吸收。

第二节　公司制改革（1992—1997年）

承包经营责任制实施之初，的确起到了“一包就灵”的作用，然而，随着时间的推移及经营环境的变化，其制度性缺陷也逐渐显露出来。承包制的“两权分离”仅涉及产权关系的表层，并没有真正触动政企分开的问题。这一制度虽实现了对企业行为的约束，却没有对政府的权力和责任边界进行有效约束，在政绩的驱使下，作为发包人的政府具有强烈的扩张冲动，可将任务通过制定承包指标的方式施加给所属企业，而这一过程可能脱离企业的实际生产能力，迫使国有企业采取虚盈实亏的策略。而且，由于所有权归属国家，企业无法根据需要自由调度生产资料，难以自主决定生产情况，实质上经营者也并没有完整的经营权。“两权分离”带来的又一严重问题是所有者的缺位和财产责任的消失，相应地，代理人道德风险也成了不可规避的问题。

试图将承包制从农村推广到国有企业的做法本身也是不合理的。在农村，承包者具有经营者和生产者的双重身份，而对企业承包者而言则不然。经营成功对于承包者而言固然是名利双收的好事，但是对于企业生产者，即职工而言，则并没有如此强烈的激励作用。由于责任和风险高度分散化，加上企业工资、福利和就业刚性，承包制并没有很好地发挥调动广大生产者积极性的作用。

除此之外，承包制的另一弊端在于其不稳定性。由于承包期只有三年，企业行为短期化现象十分严重，且承包指标的制定并不规范，发包者与承包者之间存在无休止的讨价还价，除了造成“一户一率”的不公平竞争之外，不断变动的产权安排以及变动中产生的交易费用造成了资源的极大浪费。

遗憾的是，决策者并没有将其弊端归咎于制度设计的问题，反而认为是制度本身的不完善，因此，即便从1989年起，在经济效益逐年下降且缺乏发展后劲的情况下，国家仍未废止企业承包经营责任制，而是本着“坚持承包、完善承包”的原则修修补补。1991 年，国务院研究室对全国 31 个省（自治区、直辖市）及计划单列市的国有大中型企业进行了一次全面调查，结果发现有活力的企业仅占比 20%。对此，新一轮的国企改革势在必行。

1992 年 10 月召开的中共十四大确立了建立社会主义市场经济体制的改革目标。随后，1993 年 11 月的十四届三中全会通过的《中共中央关于建立社会主义市场经济体制若干问题的决定》（以下简称《决定》），明确提出了国有企业改革的目标，即，坚持以公有制为主体、多种经济成分共同发展的方针，进一步转换国有企业经营机制，建立适应市场经济要求、产权清晰、权责明确、政企分开、管理科学的现代企业制度。[①]《决定》也确立了新一轮国企改革的方向：第一，明晰产权关系；第二，国企需依法自主经营，自负盈亏，照章纳税；第三，企业破产时，出资者只以投入企业的资本额对企业债务负有限责任；第四，企业需要根据市场需求组织生产；第五，形成激励和约束相结合的经营机制。此后，1995 年 3 月，国务院办公厅转发了国家经贸委《关于深化企业改革搞好国有大中型企业意见的通知》，提出要把企业改组、改制和改造有机地结合起来，并加强企业内部管理，即坚持“三改一加强”方针，以提高国有大中型企业的效益。[②]

总的来看，公司制是按照市场经济发展的要求、梳理国家与国有企业产权关系的基本形式。公司制改革实施后，国家和国有企业的产权关系得以进一步明晰，出资者的资产所有权同企业法人财产权分离开来。国家作为出资者，不能再干预企业的内部事务，且只对国企的国有资产部分有所有权，国家和其他投资者一样，平等地享有相应权益，并以其投资额对公司债务负有限责任，不再使用超经济的手段

① http：//cpc.people.com.cn/GB/64162/134902/8092314.html.

② http：//www.chinalawedu.com/news/1200/22016/22019/22102/22116/2006/3/qi2488512418360022 325-0.htm.

保护国企。企业拥有包括国家在内的出资者投资形成的全部法人财产权，在法律层面成为完整意义上的财产主体和民事主体，是享有民事权利、承担民事责任的法人实体。事实证明，依照法人财产制和有限责任制的组织形式发展，企业才能成为独立的决策主体和利益主体，并遵循市场规律运作，这从根本上解决了过去国企负盈不负亏的问题，真正提高了企业的效益。

通过理顺国家与国企产权关系，政企分开的原则也得以较好的落实，相应地，这一阶段企业的自主经营权进一步扩大，相关文件的出台明确肯定了企业的经营主体地位，享有决策权，逐步完善了符合市场经济规律的经营体制，国家的权利和责任在于实施宏观调控，计划虽然是宏观调控的主要手段，但此时已不具有指令性。在企业经营的人事任用方面，劳动力市场概念的引入，认可了企业和劳动者在劳动用工关系中的平等地位，自由选择职业成为可能，国家不予干预，而是作为劳动力市场运行的监督者、协调者和服务者。此外，公司制改革也对领导制度提出了新的要求，企业领导的任免应在原则上依照现代企业制度运行的内在要求，并逐步摆脱行政机构的干预，不过，由于旧制度的惯性，公司制所要求的现代领导制度还远不规范，经理人才市场并没有形成。

从早期的利润留成，到之后的“利改税”，再到承包经营责任制，国家与国企之间的分配关系仍未得到理顺，其原因在于将国家的政治权力与财产所有权混为一谈。故从 1994 年开始，国家与国有企业的利润分配关系发生了新的变化，为了理顺中央与地方的财政分配关系，促进社会主义市场经济体制的建立，国家开始全面实行利税分流制度，即区分国营资产收入和赋税收入的双重收入体系，该举措有利于政企分开、政资分开，是深化改革的必然趋势。

在党政关系上，建立现代企业制度后，出现了“新三会”（股东会、董事会和监事会）和“老三会”（党委会、职工代表大会和工会）

并存的现象，虽然现代企业制度要求将公司法人治理作为企业经济活动的核心，但是由于历史原因以及社会主义市场经济下的特殊国情，在本阶段进行以市场为导向的公司制改革的同时，党组织在国有企业中的地位也以重要文件的形式得以稳固，党委在国企内部的角色，由厂长（经理）的监督者转变为国企的主要经营决策主体。

总而言之，1992 年开始新一轮国有企业改革，是从放权让利到制度创新的重大突破，促进了企业投资主体的多元化和经营机制的转换，使得国有企业脱离了对政府的依赖，成为自主经营、自负盈亏的法人实体和市场主体，并形成了较为规范的法人治理结构。在国有企业中建立优胜劣汰机制、积极推荐企业兼并破产的举措，实现了社会资源的优化配置，减少了不必要的浪费。同时，通过引入绩效竞争机制、精简机构人员的方式，极大地提升了企业的效率以及员工的积极性。

第三节 推进股份制改造（1997—2002 年）

1997 年 7 月 2 日，泰国政府宣布放弃固定汇率制，泰铢大幅贬值，由此引发了一场波及亚洲乃至全球的金融风暴。随着改革开放的深化，我国经济也在一定程度上受到了冲击，政府开始将注意力转向金融风险防范。而事实上，在 20 世纪 90 年代末，我国的金融状况的确不容乐观。据中国人民银行统计，1997 年年末，我国各银行不良贷款约占比 25%，其中逾期两年以上的呆滞贷款占比 5%—6%，预计无法收回的呆账贷款约占比 2%。

国有企业的高负债是银行不良贷款形成的主要原因。在市场机制尚不完善的情况下，银行贷款行为受到政府的支配，国家通常会动用国有银行资金来支持国有企业的发展，在 1997 年，银行贷款中的七成借给了国有企业。而随着经济体制的转轨和经济结构的变化，企业的经营状况并不乐观：大批亏损企业和破产企业并无偿还能力，严重资不抵债，且多个行业存在严重的结构性生产过剩，市场有效需求不足，资金周转缓慢，大量企业拖欠银行贷款本息。统计显示，1997 年年底，全国国有及国有控股的 16874 家大中型工业企业中，有 6599 家亏损，涉及的资产总额达到 12512.3 亿元，负债总额 9996.4 亿元。总而言之，银行不良债权是企业不良资产的金融表达，因此，深化企业改革成为化解潜在金融风险的治本之策。

此外，随着国有企业改革力度的加大以及产业结构的调整，很大一部分企业处于停产和半停产的状态，不仅导致职工收入下降，还产生了数量巨大的城镇下岗职工，与此同时，大量农村剩余劳动力也开始向城市迁移，在社会保障体系尚未健全的情况下，失业成为影响社会稳定的重大问题，亟待通过新一轮的改革寻求解决之道。

国有企业所面临的问题很大程度上在于有限的国有资本难以支持庞大的国有经济，为此，国企改革要采取多种方式，包括直接融资、充实企业资本金、培育和发展多元化投资主体，故大力推行股份制改革就成为这个阶段年国企改革的重点。

邓小平南方谈话后，国家体改委、国家计委、财政部、人民银行、国务院生产办联合发布了《股份制企业试点办法》以及相关配套文件，1992 年 10 月，党的十四大对股份制试点的成效做出了肯定。1997 年 9 月召开的党的十五大对股份制改革做出了全面肯定，党的十五大报告中提出："一切反映社会化生产规律的经营方式和组织形式都可以大胆利用。" 1999 年 9 月的十五届四中全会颁布的《中共中央关于国有企业改革和发展若干重大问题的决定》，更指出要大力发展股份制，探索通过国有控股和参股企业来实现企业改革。此外，1999 年 7 月，国家经贸委、中国人民银行还以"债转股"的改革来优化资产负债结构，并发布《关于实施债权转股权若干问题的意见》，以加快不良资产的处置。

通过股份制改革，“产权明晰、责权明确”的企业法人制度普遍建立起来，企业法人治理结构日渐完善，在真正意义上实现了投资主体的多元化。本次改革取得了良好的效果，在实现三年脱困目标的同时，还使得企业的经济效益稳步提高，产业布局日趋合理化，国有企业总体竞争力不断增强。根据国家统计局的数据显示，截至 2001 年年底，我国股份制企业已达到 30 余万家，国有及国有控股工业企业完成工业增加值达到 14652.05 亿元，实现利润 2388.56 亿元。

作为建立现代企业制度的必要环节，股份制经济的出现成为理顺企业和国家分配关系的新形式。与先前的利润留成等方式相比，这一分配方式实现了分配行为的规范化。股份制企业与国家的分配关系是稳定且不具争议的，企业可以从公积金、公益金和企业股中获利；国家则按照出资份额，依法从税收和国家股中稳定地得到收入，试图以行政权力介入企业利益分配已成为过去式。股份制也是公有制的主要实现形式。长期以来，国企运营以单一的国家投资主体、国家预算内资金为来源，通过股份制改革，股权多元化成为可能，这使得投资主体日益多样化，企业、地方、个人、外商等投资主体所占比重不断增大，国家投资比重相应减少，投资资金来源渠道也日益拓宽。除国家之外，金融机构融资、社会集资、吸收外资成为新的投资来源。

本阶段改革在国家与国有企业的党政关系方面也做出了很大调整。国企党组织的地位上升到了新的高度，坚持党的领导、发挥国有企业党组织的政治核心作用，成为不可动摇的重大原则。特别值得注意的是，从本阶段开始，党委会党委书记和董事长可由一人担任，人事任用方面的党政合一被制度化。这一举措可以在一定程度上缓和法定代表人与党委之间的权力冲突。除此之外，本轮改革还确立了党管干部制度，中央大型企业工作委员会作为派出机关，负责监管领导职务任免等事宜，形成了与政治机制紧密关联的外部约束机制，基本取代了所有者的投票职能以及经理市场和证券市场对国企经营者的约束。

总而言之，深化现代企业制度改革，特别是建立股份制企业，对于形成出资人到位、权责明确、相互制衡、监督有效的法人治理结构具有重大意义，使得企业按照效益最大化目标和市场经济的规则规范运行，较为有效地解决了国有企业动力不足、权力失衡、监督实效等弊端。同时，国企内部形成了经营组织体系和政治体系相互融合的、有机协调的治理体制，这种将市场经济规律和我国国情结合起来的领导体制与组织制度，与外部制度环境具有较高的亲和力。

第四节　现代企业制度完善期（2002—2012 年）

进入 21 世纪，我国社会主义市场经济体制的基本制度框架已经搭建完成，市场机制开始对企业运行发挥着基础性的调节作用。然而，随着改革的深化，所涉及的利益关系愈发复杂，更多深层次的矛盾逐渐凸显，例如，出资人缺位、转制过程中对国有资产的监管不力，都产生了很大的制度空隙，使得经营者有可能损害法律上的所有者及其他利益相关者的利益，在职消费、转移资产的行为时有发生，国有资产流失严重；再者，现代企业制度流于形式，企业国有股权比例过高，甚至一股独大，法人治理结构形同虚设，人员高度重合，存在内部人员控制现象；同时，政府职能范围过宽，未能实现真正意义上的政企分开，政府通过项目审批、价格管控、信贷干预、行业垄断等行为对企业运行施加了很大的外部影响；再比如，垄断行业改革进展缓慢，有既得利益固化倾向，极大阻碍了民营企业参与市场竞争的渠道，影响资源优化配置；此外，在追求效率和利益的过程中，广大企业退休人员和下岗职工的生活状况没有得到改善，改革成果没有被全体社会成员共享……总之，在国企改革取得阶段性成果的同时，种种不足之处不可忽视，为此，现代企业制度的改革仍要继续深入下去。

2002 年 11 月，党的十六大报告指出，要将国有资产管理体制改革作为新时期深化经济体制改革的重大任务。2003 年 4 月，国务院国有资产监督管理委员会正式成立，在国务院授权下依法履行出资人职责，监管中央所属企业（不含金融类企业）的国有资产。同年 5 月，国务院讨论通过了《企业国有资产监督管理暂行条例》（以下简称《条例》)。《条例》以行政法规的形式明确了国有资产管理和监督机构的职责，改变了过去国有资产监督职责不清、各级政府兼任出资人和公共管理者的不合理局面。国资委成立后，在国有企业的联合重组、主辅分离、辅业改制、分离办社会职能等方面起到推动作用，促进了国有资本向关系国家安全和国民经济命脉的重要行业和关键领域集中，对防止国有资产流失起到了积极的作用。然而，一方面，国家赋予国资委以权限，使其对资产、人事等各方面的事务均有实行管理的权力，产生把企业管死的可能性，即变成企业的“婆婆”；另一方面，尽管成立了国资委，但是所有者虚置的问题仍然没有解决，国资委实质上是委托代理人而不是真正的所有者，难以切实负担其应有的责任。为此，2015 年 8 月印发的《关于深化国有企业改革的指导意见》对国有企业的经营和国有资产的监管做出了重大调整，国有资产的监督管理部门由先前管资产、管人、管事的“三管”，转变为管资本为主，国有资产的经营权和国有资产的管理权则全部下放给了国有企业，实现了国有资本和国有资产的分割。

进入新千年以来，社会主义市场经济体制的制度框架基本搭建完成，国企改革也迈入了谋完善、谋发展的新阶段。本阶段改革的亮点在于建立了较为完善的国有资产管理体制，国资委的设立具有里程碑式的意义，彻底改变了过去国有企业改革及国有资产监管工作中分而治之、责任不明的局面，为进一步推进国有企业，特别是国有大型企业改革提供了制度保障。

本阶段的产权关系发生了新的变化，从过去对所有制关系的调整，转向了现代产权制度的建设。自十六届三中全会以来，国家加大了集团层面公司制改革的力度，积极实现国企股权多元化，引入能够承担风险、承担资产损失责任的人格化产权主体。同时，伴随国有资产监管体制逐步完善，国有产权的管理日益规范化，有效防止了国有资产流失。通过改革，“归属清晰、权责明确、保护严格、流转顺畅”的现代产权制度逐步建立，有利于维护公有财产权，巩固公有制经济的主体地位；有利于保护私有财产权，促进非公有制经济发展；有利于各类资本的流动和重组，在这一过程中，国有企业得以更好地与市场经济接轨。

在利益分配方面，20 世纪中期开始实行的利税分流制度逐渐被国有资本收益取收制度所取代，国家对企业的收益管理进一步加强，国企利润分配存在一套固定、标准的形式，国有资本经营预算制度也建立起来，中央国有企业资本收益上缴比例有所提升，上缴范围逐渐扩大，但仍然面临上缴比例偏低、上缴收益使用不当、垄断企业利润分配不合理等问题，国有企业收益的公共性没有得到体现。

在生产经营关系方面，随着现代企业制度改革的不断推进，以及社会主义市场经济制度的逐步完善，企业在生产经营决策、投资决策、物资购销、劳动用工、工资分配、进出口贸易以及领导任免等方面，都被赋予了极大的自主性，企业的自主经营权得到了最大程度的发挥。值得注意的是，在简政放权的改革思路下，国务院针对长期以来制约企业自主发展的行政审批权进行了大刀阔斧的缩减。通过出台有约束力的规范性文件，政府在很大程度上优化了审批流程，缩短审批时限，由过去对企业的前置审批，转变为在“法无禁止皆可为”的负面清单下进行事中、事后监管。这一举措较为彻底地画清了政府和市场的边界，自此，政府不再干预企业的经营行为，企业自主性得到了切实保障。

从党政关系方面来看，加强党的领导成为本轮国企改革顶层设计的核心内容，党管经济理念已经从宏观领域渗入了微观领域，相关文件对于党组织在企业的机构设置、人事安排和法律定位均做出了回应。

第五节　中国国有企业转型升级新时期（2012—2020 年）

一　改革背景

党的十八大以来，国际国内形势面临新挑战，国企改革进入攻坚克难的新时期，一般的局部性改革已经解决不了长久以来所累积的沉疴痼疾，需要站在全局的角度考虑系统的问题。国际形势风云变幻，经济危机之后经过新一轮的产业调整，国际市场和全球分工体系不断变化，而国内经济增长放缓，呈现从经济持续高速增长转向中高速增长的经济新常态，如何提高企业的抗风险能力，如何实现企业在持续动荡的国际大环境中保持自身经济持续稳步前进和稳定性，是新一轮国企改革考虑的主要问题，自此，国企改革进入战略调整期。

在上一轮改革中，由于国家采取“抓大放小”的改革措施，通过金融压抑和所有制歧视的手段隐性补贴国有企业，造成金融体制的扭曲和效率损失、上下游企业的利润向两极化发展的后果，上游少数大中型企业长期依赖政府的补贴和政策支持，以取得巨额利润；而下游的产品市场企业竞争力不断减弱，最后通过产品市场将企业亏损转嫁给了消费者，尽管如此，国有企业的整体盈利面也未能超过 60%，利润不能有效转化为公共财政，不但不利于自身经营效益的长久维持，而且长期损害了经济增长、人民福利和公共服务。

2013 年，中共十八届三中全会《中共中央关于全面深化改革的若干重大问题的决定》指出，此轮国企改革的目标是增强国有经济的活力、影响力、控制力和抗风险能力，为国计民生和国家战略服务，进一步深化改革，致力于国家体系和治理能力的现代化建设，提出“五位一体”的改革任务，注重国企对于社会发展的重要作用。因此，增强国企活力、抗风险能力成为本次改革的重要目标之一，党中央将从整体性、结构性的思路出发，努力做到国有企业市场化，分步推进供给侧结构性改革、分类改革和混合所有制改革，争取早日实现公平竞争、政企分开和普惠共享的新发展局面。

2015 年 8 月，中共中央、国务院发布了国企改革的纲领性文件《关于深化国有企业改革的指导意见》(以下简称《意见》)。《意见》指出，要以“市场化、专业化、国际化”为导向，通过“完善现代企业制度”来增强国企活力和竞争力，并形成了“1+N”的国企改革体系。其中，“N”的组成部分之一，根据《关于推动中央企业结构调整与重组的指导意见》强调了供给侧结构性改革在国企改革中的重要性。2017 年，党的十九大报告同样把深化供给侧结构性改革作为建设现代经济体系的重中之重。与此同时，中央经济工作会议也把供给侧结构性改革的深化置于重点工作之首。

然而，在落实供给侧结构化政策的过程中，存在一系列问题：首先，现有的“垂直结构”阻碍了经济结构转型，抑制了经济增长，降低了社会平均福利水平；其次，2015 年，国家的扶持型产业政策导致企业的政策性负担严重，逐渐失去去产能的积极性；最后，供给侧结构性改革的重点在于使国企在体制机制上形成有效的治理机构，使其责权利能够相互协调，然而，在产权制度的治理根基未撼动的前提下进行改革也发现了诸多问题。

另外，为解决国有企业追求经济利润与承担社会责任之间的矛盾，国企改革的思路逐渐转变为分类改革，即分类推进国有企业改革，将国有资本配置组织载体与产业领域的选择结合起来考虑，有利于带动整个产业领域的改革推进，将其与市场结构变革发育紧密结合，推进产业开放和市场化改革。2015 年 12 月国资委、财政部、发展改革委发布《关于国有企业功能界定与分类指导意见》；2016 年国资委、财政部联合发布《关于完善中央企业功能分类考核的实施方案》，确立起三种不同类型的国有企业及其不同的国有资产监管机制、混合所有制改革方案、公司治理机制和国有经济战略性调整方向等。

此外，在地方性改革经验中，逐步实现了政府只管资本、彻底搞活企业的竞争类管理模式，以社会效益为首、兼顾经济效益的功能类管理模式，以及力推特许经营的公共服务类管理模式，分类改革有助于企业分类管好资本，规范资本运作平台和体系，防止国有资产流失，坚持创新发展，分类激励改革，从而进一步提高企业活力。然而，该政策中的分类边界模糊不定，“谁出资、谁分类”原则会造成国有企业的出资方为了维护既得利益而将几乎所有在垄断性行业的国有企业划入“公益类”，限制竞争与非国有资本的引入，缺乏第三方的权威判定，因此需要更为科学的和精细的行业细分清单，打破进入的壁垒。

最后，国家还提出了发展混合所有制经济的思路。混合所有制改革的主体是国企分类改革中进行分类的三类企业，对象是与独资企业、纯国有资本持股的股份制企业中的公有资本，或属于非公企业、社会资本和自然人资本的非公有经济。混合方式共有四种：第一，产权转让方式，通过市场化交易或协议转让的办法，公有企业将存量一部分转让给非公有企业；第二，通过开放制改制重组新设企业，公有股东将和非公有股东共同出资成立新的企业，通过业务、资产以及债务等要素的重新组合，优化业务和资源配置、减轻包袱、提高国企竞争力；第三，增资扩股，鼓励员工持股，引入资本，由非公有资本投资到公有企业中进行持股；第四，整体上市或核心资产上市，引入战略投资者，将公有股东的资本投入非公有企业中，实现并购投资。可见，混合所有制改革的本质是生产关系的调整，是社会主义基本经济制度的自我完善，通过科学透明的治理结构和股权多元化提高国有企业和国有资本的经营效率，提升国有资产在市场化条件下的盈利总量，实现国有企业主导能力最大化，最终发挥多元资本合作共赢的优势，进而促进国民经济的高质量增长。

总而言之，本轮改革主要攻破的方向在于，通过优化配置资源以提升企业经营效率，大胆进行混合所有制改革；对外兼收并购、对内重组整合、激励与约束并举，努力实现国有资产证券化；借助资本市场，提升国企治理能力和释放强劲增值动力。自此，国企朝着系统化、结构化的改革思路迈进，国企经营努力摆脱长期积累的政治历史性矛盾，活化国企内在资源要素，进一步发挥市场的潜在力量，同时大力加强政策监管和政治托底保障，在数字化、信息化、产业升级和科技创新日新月异的今天，国企改革依然阔步前行。

综上所述，从 1978 年至今（2020 年），我国国有企业改革经过了四十余载，取得了出色的成就。计划经济时代下政企不分、产权不明、不自主经营、不自负盈亏的企业，在经过四十余年的不断探索革新之后，现如今已转变为政企分开、产权明确、自主经营、自负盈亏的企业。国有经济的整体素质和竞争力进一步增强，形成了一批具有较强竞争力的国有大公司、大集团，放开搞活了数以万计的中小企业，国有资产保值增值、经济效益明显，为国民经济保持持续、快速、健康发展做出了重要贡献。

第六节　国企劳动用工制度的改革与政策

中国国有企业并不是与西方企业完全一样的，后者是仅以营利为目标的经济组织；而前者还是中国特色社会主义政治与社会体制的物质根基，是中国共产党领导的政治组织，亦是中国特色社会主义制度优越性在经济领域中的具体体现。中国国有企业既嵌入一个 20 世纪 80 年代开启的以新自由主义为特征的全球资本主义体系中，又嵌入一个由中国革命历史而来、由共产主义目标定义的社会主义体制中，这使得中国国有企业受制于市场效率与政治合法性的双重要求（贾文娟，2016）。前者要求中国国有企业能够高效地利用社会资源，尽可能迅速地积累财富，在全球市场中占据有利地位，以满足企业经济发展的需求；后者则要求国有企业充分践行社会主义核心价值观，在成功经营企业的同时，实现公平、公正、民主等价值追求。基于此，中国国企改革中的劳动用工政策便体现出了兼顾经济效率与政治社会合法性的追求。

在上述国企改革的几个阶段之中，一个重要的政策考虑便是如何改革国企劳动的组织形态，使国企工人成为有利于资源灵活配置的“人力资本”，使企业实现对效率追求的同时，保证工人阶级的社会利益、强化整体社会团结，体现社会主义经济制度的优越性。而中国是通过国企改革政策、劳动用工政策、社会保障政策的共同改革来实现上述目标的。

一方面，自国企改革以来，国家先后出台了如下制度法规，以提升企业用工自主性，继而优化国企人力资源配置，降低经营成本，提升劳动生产率。首先，1983 年 2 月，劳动人事部发出《关于积极推行劳动合同制的通知》（现已被《中华人民共和国劳动法》代替），打破“铁饭碗”的固定工模式；1994 年，全国人大制定颁布《中华人民共和国劳动法》，确立了与社会主义市场经济体制相适应的劳动合同制度；1995 年，国务院办公厅转发国家经贸委《关于深化企业改革搞好国有大中型企业意见的通知》，提出“精减企业富余人员，实现减人增效。试点企业要在进行内部劳动、人事、分配制度改革的基础上，有步骤地分流富余职工，建立减人增效机制”；1999 年，中国共产党第十五届中央委员会第四次全体会议通过《中共中央关于国有企业改革和发展若干重大问题的决定》，提出“大胆利用一切反映现代社会化生产规律的经营方式和组织形式，……要逐步形成企业优胜劣汰、经营者能上能下、人员能进能出、收入能增能减、技术不断创新……机制”；2008 年,《中华人民共和国劳动合同法》则将劳务派遣用工方式在法律层面上进行了确定，提出“劳务派遣一般在临时性、辅助性或者替代性的工作岗位上实施”；2011 年，国务院颁布的《全民所有制工业企业转换经营机制条例》则进一步规定“企业享有劳动用工权……企业有权依照法律、法规和企业规章，解除劳动合同、辞退、开除职工”；2015 年，中共中央、国务院印发《关于深化国有企业改革的指导意见》，指出要“建立健全以合同管理为核心、以岗位管理为基础的市场化用工制度”。上述政策在很大程度上激发出国企管理者强化管理控制、推进灵活用工的意愿。

另一方面，国家亦出台了诸多配套政策来保障劳动者的基本利益，打造了和谐的社会主义式劳动关系，以期保证社会的团结与稳定。国企改革政策同时对职工利益保护与提升做出严格的规定：1995 年，国家经贸委制定《关于 1995 年深化企业改革搞好国有大中型企业的实施意见》，指出“要保护劳动者的合法权益，调整劳动关系，建立和维护适应社会主义市场经济的劳动制度”；1999 年，中国共产党第十五届中央委员会第四次全体会议通过《中共中央关于国有企业改革和发展若干重大问题的决定》，指出“搞好国有企业的改革和发展，必须切实尊重职工的主人翁地位，充分发挥职工群众的积极性、主动性和创造性。坚决维护职工的经济利益，保障职工的民主权利”；2011 年，国务院颁布《全民所有制工业企业转换经营机制条例》，提出“发挥中国共产党的基层组织在企业中的政治核心作用，……全心全意依靠工人阶级”；2017 年，国务院办公厅印发《关于进一步完善国有企业法人治理结构的指导意见》，提出“加强职工民主管理与监督，维护职工合法权益”。综上可见，按照现行政策，如果国有企业罔顾职工意见、随意调整用工方式，继而导致职工利益受损、引起群体性事件，那么企业管理者很有可能受到政治处罚。上述政策与制度又为国企职工抵制管理控制提供了依据。

政策制定者的目标在于，希望上述政策法规能够引导国企改革平稳推进，并在这个过程中促进劳资双方的相互理解与共同合作。然而在具体的历史情境中，面对利润率下滑的困难处境，上述政策却带来了一个始料未及的问题，它们成为职工与管理方追求各自利益，甚至彼此制衡的依据。一方面，企业管理层为了提升企业经济效益，倾向于借助现代企业制度改革政策，获得对企业目标、生产组织、劳动使用的全面管理权与控制权，并将工人仅作为“人力资源”，置于被监督、被考核与被管理的无权位置上；另一方面，国企职工则深知国家对国企组织合法性的要求，了解国企及其高管所具有的政治与意识形态职责，他们借助新闻、报纸上的各种政策、法律、法规、意识形态宣传，乃至领导人的讲话、企业遗留的传统和文化，以及各色社会关系网络，来主张他们的经济、政治与社会权利。结果，自从改革开放伊始，国企管理层与职工便根据上述政策主张，按照各自的实际利益进行着纷繁复杂的车间政治（贾文娟，2016）。而在两者不断博弈与妥协过程中，管理者采用了“划分界限”的策略来应对这个难题，通过缩减核心工人数量、扩大非编劳动力队伍进行生产的方式来降低企业用工成本、规避劳资冲突。与此同时，因正式工人与非正式工人处于完全不同的管理体系下，国企内部的生产体制亦随之发生了改变，逐渐从“单位制”走向了根据职工编制身份进行资源分配的二元劳动体制。

第四章
TY 公司：入厂包工与二元劳动体制的兴起

二元劳动体制的兴起并不单纯是西方的舶来品。TY 公司的故事告诉我们，国企二元劳动体制是计划经济时期的历史遗产、新自由主义在全球范围内的崛起、市场经济转型下劳资关系恶化三者交互下的历史阶段性产物。首先，在管理者的工具箱中，一直都有“使用临时工进行生产”这个工具；其次，新自由主义全球化的来临，使国有企业成为跨国资本的代工厂，并大幅增加了企业的生产负荷；第三，市场转型与国企改革时期的下岗分流和改制历程，破坏了生产共同体的团结，引发了诸多劳资冲突，并使员工不再愿意配合管理方的工作。在生产任务快速增多，但本公司正式员工不予配合的情况下，TY 公司管理方便从“组织工具箱”中翻出了其用以组织生产的传统工具——引入临时工，并形成了以“入厂包工”为特征的二元劳动体制。随着 TY 公司营收好转并实现了产业转型后，其生产共同体得到重建，而“入厂包工”便逐渐衰退了。

第一节　TY 公司的发展历程

TY 公司是一家位于珠江三角洲地区 A 市的市属全资国有重型机

械装备制造企业，其前身是三家在新中国成立前就已经存在的中华民国政府的机器修理厂。1953 年三厂合并后，TY 公司正式成立。在计划经济时代，TY 公司是中华人民共和国第一机械部第一工业局下属的六所重型机器厂之一，是中国南方最大的通用机械制造企业，其产品涵盖钢铁设备、化肥设备、水泥设备、粮油设备、制糖设备以及离心机、千斤顶、耐酸泵等各种重型机械设备等。在计划经济行至尾声时，拥有诸多设备与技术工人的 TY 公司成为一个占地 41.3 万平方米、职工人数超过 6000 人的典型社会主义“巨无霸”型企业。

作为一家位于珠三角地区的国有企业，TY 公司在 20 世纪 80 年代早期就不得不直面效率与合法性的矛盾。在国家下发任务过少而难以完成计划指标时，TY 公司开始忍痛降价，与珠三角蓬勃兴起的私营企业竞争新兴市场，打起“国企的质量，民企的价格”的广告。另外，TY 公司还要想方设法留住因对企业福利不满而被私营企业吸引离职的技术工人。80 年代末期，随着国企承包经营责任制政策的出台，公司从管理层到操作层都围绕“企业转型”进行了一场大争论：元老派认为应当勒紧裤腰带，以“一个主体两只翼”的方式做强做大主体业务，发展自己的拳头产品，以图厚积薄发；然而，少壮派则认为应当通过多主体经营的方式快速获得利润，这样才能抓住时代红利，一举解决单位住房、伙食、托育等职工福利问题。最终，少壮派获得了基层管理者与工人的支持，后者对单位福利提升的诉求显然超过了对发展拳头产品的渴望。在几位老工程师或退休或出走后，TY 公司选择了后一种路线，并大举从国有银行进行政策性贷款，展开多种经营，并频繁地发放员工福利。

20 世纪 90 年代，在新领导的多种经营路线下，TY 公司最多时组建了 43 家具有法人资格的子公司，其投资涵盖从房地产到足球队的方方面面。与此同时，TY 公司的营业收入也从 1985 年的 6568 万元大举上升到 1997 年的 106758 万元。然而，这种繁荣是由大量政策性贷款支撑起来的虚假繁荣，多种经营背后潜藏了巨大危机。90 年代后期，东南亚金融危机与中国现代金融体系的建立，共同戳穿了国有企业的发展泡沫。1998 年，TY 公司欠各大银行贷款共计 7.8 亿元，时任总经理也因贪腐锒铛入狱，其经营问题在 20 世纪末爆发了。

在破产危机的倒逼下，TY 公司从 1999 年到 2002 年的三年间，以下岗和内退的方式使超过 3000 名职工离开企业，将几十种产品缩减为三种拳头产品，并开启了与跨国企业的合作。具体而言，2001 年，在 A 市市政府“以市场换技术”战略下，TY 公司开始与全球最大的隧道掘进机械生产商之一——德国 H 公司展开合作。H 公司在全球拥有超过 5000 名员工，进入中国前已经占有欧洲市场的七成。[①] 中国加入世界贸易组织后，H 公司开始进军中国市场，并在四川、北京等地与当地国有企业合作，建立代工、组装基地，时至 2012 年，H 公司已经占有中国盾构机市场份额的七成以上。[②] 与 H 公司的合作改变了 TY 公司的主营业务。TY 公司的 S 分公司是珠三角地区少数拥有 AR1 级别压力容器设计制造资质的厂家之一，2001 年之前，其主营业务为自主设计并生产耐酸泵与各类金属压力容器，其生产方式以机械加工、高精度的火煸和铆焊为主。这些压力容器从原材料采购、切割下料，到压弯、焊接、零件生产，以及装配、油漆等所有生产环节都由 TY 公司独立完成。与 H 公司合作后，S 分公司的主营业务转变成为 H 公司代工生产盾构机的机体、刀盘、拖车等结构件，并成为盾构机生产的跨国劳动过程中的一个环节。与此同时，在 2005 年的时候，TY 公司在 A 市市政府的帮助下开始进行“异地改造”。2007 年年底，TY 公司主体搬迁到位于郊区的新址，A 市市政府向其返还了 4.28 亿元的土地出让金，帮助其解决下岗工人安置和部分银行债务。

① 请参见《盾构机：正在出炉的大蛋糕?》，http：//www.mei.net.cn/news/2012/01/409307.html。

② 请参见《盾构机正在领衔主演城市“地道战”》，http：//www.mei.net.cn/news/2012/01/409307.html。

然而，TY 公司 2001 年后的一系列改革措施激起了难以弥合的劳资冲突：第一，下岗分流本身非常伤害国企工人的感情和利益；第二，随着产品与产线更新，下料工人和铆焊工人的劳动负荷剧增，公司劳动纪律极为严格，动辄便扣发奖金，这引发了底层工人的不满和抗议；第三，公司工人的工资水平在 1998 年到 2007 年间一直停滞不前。此时，TY 公司职工开始通过争吵、怠工等方式表达不满，他们要求提升工资水平和奖金比例，并反对管理层所施加的严格劳动监控，要求重获计划经济时期的社会地位与劳动尊严。与此同时，TY 公司工人的劳动生产率不断下降，产品质量也难以得到保障。2008 年后，TY 公司面对愈演愈烈的劳资冲突，大举增加外协包工队来承担下料与铆焊工段的生产任务。公司以市场结算的方法使外协包工队进入生产车间，为其提供一切生产资料和生产工具，劳动力的提供与管理则全由外协包工队负责。

第二节　入厂包工与 TY 公司的外协包工队

2001 年，S 分公司开始引入少量包工队补充铆焊工种的缺口；2008 年后，外协包工队的数量迅速增加；2011 年，TY 公司开始在赶工时期引入下料包工队；2013 年，S 分公司有 4 支铆焊外协包工队，超过了本公司班组数量。2013 年，在“入厂包工”模式下，外协包工队承担了 S 分公司生产任务的四分之一、铆焊生产工作量的三分之二。在日常生产中，铆焊工段大概有 80—100 名外协工人进行生产；而在赶工时期，外协工人总数能够达到 200 人，而本公司铆焊工人数量仅为 50 余人。外协包工队在生产中的作用逐渐重要起来，TY 公司亦形成了二元劳动体制，其对本公司正式工人与外协包工队的劳动控制方式完全不同。

一　铆焊生产中的正式工人与外协工人

在TY公司盾构机生产中，采购部门购买规定规格的型材后，下料工段画线组会按图纸在这些型材上做出标记，割焊组负责将大型板材裁剪成适合生产的大小与形状。在车间调度进行生产工序登记、工序分配与工票发放后，绝大多数板材进入了铆焊工序。铆焊工序是盾构机机体生产的核心，在盾构机机体外壁的生产中，铆焊工人要将大型钢板压弯并焊接在一起。而在机体内部或辅助件的钢结构生产中，焊工将不同规格的板材进行焊接。除此之外，部分钢材会进入机加工工段，由各式机床生产盾构机所需要的其他工件。在盾构机刀体的制造中，则需要借助200镗床或龙门镗床等设备进行大型工件的加工。上述步骤完成后，则由装配组进行产品组装，最后经过油漆组上色后，就可以验收出货了。TY公司铆焊工段中大量使用了外协包工队，而下料工段、机加工和装配也引入了包工队，油漆与现场清洁同样是由包工队进行的。在生产中，包工队利用TY公司的工作场地、使用TY公司提供的生产资料和生产工具，而他们提供的仅是劳动力。

2001年到2008年间，固定工是生产主力，外协工仅是辅助。但在2008年《中华人民共和国劳动合同法》实施后，TY公司外协包工队的数量迅速增加。S分公司的某管理者也说："只要有准入制度和考核制度，再加上市场，盾构机不用本公司职工都能做出来。"固定工人也经常埋怨："现在什么活儿都给外协包工队去做，我们自己的任务减少了很多，感觉他们是主力，我们才是外协！"拿本公司的固定工人去威胁外协包工队，或者拿外协包工队威胁本公司的固定工人成为有效的管理策略，结果，无论是外协包工队还是本公司的固定工人，都认为自己在生产中只是边缘和补充部分。

与此相应，外协工人与固定工人出现了相互歧视的情况。固定工人认为外协工人是缺乏技术、毫无远见、唯利是图并且抢了自己工作的人。一名固定工人说："外协工人又利落又加班的，钱都是公司另外给的，你以为他们为什么肯那么出力干活？因为他们都没有社保，是干一票就走的！你看，那些出工伤的都是他们！"而外协工人则认为固定工人是懒惰、毫无所长却能够享受企业保护的人。当笔者问一名外协工人是否想要社会保险时，他以鄙夷的口气说："谁需要那些东西？我们工资是他们的两倍！"

二　公司正式工的劳动控制：后单位制下的"选择性放任"

TY 公司职工以本地市民居多，平均年龄为 45.6 岁，而 S 分公司机加工工段的平均年龄则更高——在该工段的 78 名工人中，30 岁以下的仅有 11 人。TY 公司的正式工人大多于 1973 年、1982 年和 1991 年进入公司，很多工人是从 TY 公司技工学校毕业后直接留下的，有些人是顶替父辈的，也有部分工人是农民工和职校生。大部分正式工人的技能水平很高，有些人拥有技师资格证书。TY 公司正式工人的劳动权益受到了制度性的保障。正式工人均与 TY 公司签署了劳动保障合同，拥有"五险一金"待遇，并享有诸如高温补贴、技术津贴、住房补贴、用餐补贴等政策性福利。在《中华人民共和国劳动合同法》的限制下，TY 公司必须严格遵守 8 小时工作制，不能随意安排工人加班，且不能随意扣罚和解雇正式工人。

TY 公司在数轮国企改革进程中，因减员分流、削减福利、加强劳动控制而积聚了大量的劳资矛盾，正式工人已经开始以拖拉散漫、不服从等方式抵制管理，而随着法律政策的收紧，管理者更难以应对他们的消极怠工了。在难以改变正式工现状的情况下，管理者采取了"放任管理"的策略。然而，不同于布洛维提出的生产"霸权"，即通过一系列制度设置，使工人对生产产生同意，并积极地投入自我剥削中（Burawoy，1985）。"放任管理"的目的不是激发工人对劳动制度的同意，而是减少他们对生产的破坏，这种放任的管理方式主要涵盖以下两方面的内容。

第一，低基础工资。2003 年至 2008 年，TY 公司共涨过两次工资——但仅覆盖了一部分正式工人。2010 年，A 市职工的平均工资为 4541 元，S 分公司一线工人的月平均工资则为 2100 元，远低于 A 市平均工资。2011 年之后，S 分公司推行了计件工资制度，工人工资由基本工资与超额工资构成。其中，基本工资根据岗位和技术差异定为每月 1300 元到 2200 元不等，机械操作工每月生产超过 174 个工时即可获得基本工资，否则只能拿 A 市的最低工资。计件工资的超额部分按照工时单价、超额工时数与个人系数进行计算，超额工资的多少取决于工人的劳动量与生产效率。2014 年后，TY 公司正式工人的收入差距已经明显拉大。机加工工段的小机床操作工的月工资只有 2000 多元，但工作任务最多的下料工人的平均月工资已经达到了 6000 元。

第二，“宽松的劳动纪律”与“低工资”相配合的另一种管理方式。在生产中，管理者很难紧盯正式工人的劳动过程，而只按照计件结果支付其工资，而班组长最重要的工作也不再是派工或催促出货，而是填写各种各样的外协单，与外协包工队进行沟通和协调。各种各样的讨价还价行为充斥于车间，有能力的正式工人会通过与工时定额员、班组长、工段长等基层管理者的协商或争论，以获得更好的工时定额或更宽松的任务，以此提升自身的收入水平。

三　外协工人的劳动控制：包工制下的简单控制

TY 公司中的外协工人都是没有 A 市户籍的农民工，教育程度以初中及以下为主，年龄集中在 20 岁以下和 50 岁以上，全部是男性。与建筑工人相似，外协工人都是在熟人的介绍下，跟随包工头如同一串葡萄般地进入生产场所。这些外协工人往往来自同一地区，大多存在亲缘或血缘关系，他们分享着同样的语言、饮食习惯和穿着习惯，形成了与 TY 公司格格不入的“包工头王国”。外协工人大多教育水平不高，很多人初中毕业后就出来打工，跟随包工队中的老工人学习简单的手焊、氧焊和二氧化碳焊技术。他们没有与包工头签署劳动合同，亦不享受任何社会福利与保障。在城乡分割的户籍制度、拆分型的劳动力再生产模式下，这些通过非正规劳动力市场获得工作的工人成为高度灵活的劳动力。

与严格控制正式工人工资不同的是，TY公司把更多费用用于支付给外协包工队上。外协工人以月薪方式领取工资，具体金额则由包工头根据工人技术、劳动情况而定。以一家来自湖北的外协包工队为例，外协工人的最高月工资水平为6000元，最低月工资水平为2500元，大多数外协工人的月工资处于3500元到4000元之间。因为TY公司一直按照产品合同按时向包工头支付费用，故而外协包工队较少存在工资拖欠的问题。适时A市职工的最低工资标准为每月1300元，而广东省职工的平均工资为3763元，A市职工的平均工资为4789元，外协工人的收入状况比想象中要好得多，这种工资水平对外协工人的激励作用显然很强，当问及为什么这么拼命劳动时，很多外协工人都说："赚钱嘛！我们的工资高，是他们（正式工人）的两倍！拼命也是应该的！"

外协工人以"两班倒"的方式进行工作，每班工作10小时。以来自湖北的铆焊包工队为例，在包工头的授权下，外协工人悉数由40岁左右的工头陈哥管理。陈哥月工资6000元，包工头不仅给他购买了"五险一金"，还给他配了一辆车。他就像一家之长，在年轻工人面前，他经验丰富；在大龄工人面前，他年富力强。他的权威地位看起来是理所应当的。该包工队就以"两班倒"的方式进行工作。由此可见，包工头通常以家长制和简单控制的方式来管理手下工人（Edwards，1979）。其劳动控制手段主要有以下三种。

首先，工资刺激。TY公司所有外协包工队的工资都不是按照计件工资，而是工头依据不同工人的技术水平和劳动情况而定的固定工资。湖北铆焊包工队中的工人月工资最高的为6000元，最低的为2500元，多数工人的月工资处于3500—4000元。当然，工资数额的不确定性对于劳动控制更加重要。在哈拉茨蒂（Miklós Haraszti）看来，收入的不确定性使工人陷入对自己进行剥削的一种机制（Haraszti，1977）。外协工人并不清楚自己下个月的工资水平到底是多少、是否会发生变化——这全然由包工头决定。在不具备社会保障的情况下，工资是外协工人的一切，这使得他们完全唯包工头马首是瞻。

其次，现场监视。外协工人相对于正式工人来说，其工作的努力程度更高，这除了因为他们的收入更可观外，更归因于包工头的监视。陈哥每天很早就来到TY公司，负责外协工人的签到事宜，如若工人没有按时到岗，他们就会直接遭受呵斥或扣罚工资。在工作时间中，除非要与车间调度员商量进度、讨论图纸等，或与车间管理者沟通材料配备、工具、场地等事宜，否则陈哥一定如影随形地守在外协工人身边监督生产。

最后，解雇威胁。如前文所述，如果外协工人工作懒散，包工头会对其进行批评与劝诫；如若工人仍然不加以改正，包工头可以对其进行罚款或降薪处置；如果这种处置还不奏效，这名工人就会被解雇。“黑名单”是更为严重的处罚方式，如果外协工人怠工或闹事，他就很可能被“拉黑”，因为当地的同行们大都相识，所以没有老板再敢来雇佣他。若他回到老家，因其在“乡村共同体”中的名声被破坏，其他人也不会愿意再带他出来打工。尽管解雇威胁对于技艺娴熟、社会经验丰富的技工来说并不奏效，但对年龄尚小、刚刚进城打工且技术水平低的外协工人构成了较强的约束。与被解雇的境遇相比，这些外协工人显然更愿意在TY公司赶工赚薪水。

综上所述，TY公司的劳动体制在管理层“分而治之”的策略下走向二元化：一方面，公司尽可能地满足留存的正式职工的利益诉求，采取选择性放任的管理方式。恢复了国企宽松的纪律管理方式；

通过以计件工资或小组承包的方式进行工资计量，赋予正式工人多劳多得的选择；严格遵照《中华人民共和国劳动合同法》管理工资、加班、休假等事宜；依法缴纳“五险一金”，遵照政策法规发放劳动福利，并构建一种颂扬劳动的企业文化。另一方面，公司不与外协工人建立任何劳动或社会关系。外协工人虽在公司内工作，但不受企业管理，不享受企业福利，与此同时，外协包工队亦不为其缴纳社会保险费用。但由于外协工人月收入基本在 3000 元到 4000 元之间，与 A 市平均工资不相上下，所以其劳动积极性较高。本公司职工和外协工人不仅在生产空间中相互隔离，他们还身处不同的劳动体制之中，被分而治之。

第三节　“入厂包工”在 TY 公司出现的政治经济基础

TY 公司的“入厂包工”并非管理者的有意设计，而是在政治经济环境变迁的影响下，产生于企业生产管理制度转变之时，建立在国企“单位—工厂制”的废墟之上，并成长于旧体制与新体制冲突的缝隙中。那么这种生产模式在国有企业得以产生的政治经济基础是什么？在此政治经济基础之上，我们又怎么理解国有企业生产模式变迁的实践逻辑？

不同于“工厂制”，“包工制”是一种以生产发包为基础、以计件付酬为原则、通过资本所有者与雇佣工人之间的包工头进行代理控制的生产过程。其中，包工头不掌握生产资料，部分能够提供少量的生产工具，其利润主要来自资本所有者支付的劳动价格与他们实际支付给工人的那部分劳动价格之间的差额（马克思，2004：636-637）。传统包工制以英国“中间人制度”、美国“厂内包工”、新中国成立前的上海包工制等为典型，其产生的政治经济基础是，原初资本主义情况下城市与农村的相互阻隔。[①] 进一步说，在英国原初工业化时期，身处农村的手工业生产者只有借助中间人才能够将产品卖到城市和海外市场，在这种情况下，生产者与消费市场的城乡阻隔使得中间人得以存在并在商人雇主制度下发展成为筹设生产的包工头；而在 1949 年前的上海，在正规劳动力市场建立之前，处于城市的用工企业只有通过具有帮会背景的包工头才能够获得来自农村的剩余劳动力。总之，城乡隔离助长了包工制的气焰。但是，与传统包工制不同，今天各类包工制度在中国国有工业领域得以复兴的政治经济基础是经济全球化与市场转型。

1978 年到 2008 年间，中国正处于“波兰尼的大转型”与“布洛维的大转型”的交汇点上（沈原，2006）。“波兰尼的大转型”指涉了市场逻辑成为社会生活的主导性逻辑。但是，20 世纪 80 年代的经济全球化比“波兰尼的大转型”更为广泛和深刻。哈维认为，经济全球化是一种通过地理扩张来解决资本过度积累危机的全球战略，这套战略“借助不平衡地理发展的机制得到了极大推动，成功的国家或地区迫使他人也跟随其脚步。层出不穷地把各个国家、地区、甚或城市带到了资本积累的前哨”（哈维，2004：87）。随着中国加入世界贸易组织，曾经大门紧闭的国有企业也被裹挟进了全球市场，成为跨国资本的代工厂，满足迅速变动和高度不确定的世界市场需求。“布洛维的

① 关于英国原初资本主义情况下包工制度的进一步论述请参见谢国雄《外包制度——比较历史的回顾》，《台湾社会研究季刊》1989 年第 1 期。关于美国厂内包工制度的详细论述请参见 Ernest J. Englander，“The Inside Contract System of Production and Organization：A Neglected Aspect of the History of the Firm”，*Labor History*，1987（28），pp.429-446；John Buttrick，“The Inside Contract System”，*The Journal of Economic History*，1952（12），pp.205-221；以及 Jones.S.R.H.，“The Organization of Work：A Historical Dimension”，*Journal of Economic Behavior and Organization*，1982（3），pp.117-137。关于 1949 年前上海棉纱厂的包工制度请参见刘明逵编《中国近代工人阶级和工人运动》（第一册），中共中央党校出版社 2012 年版，第 611 页；上海船厂包工制请参见经江《解放前上海造船工业中的包工制度》，《学术月刊》1981 年第 11 期；关于 1949 年前上海码头工人的“把头”和“脚行”制度请参见裴宜理《上海罢工——中国工人政治研究》，刘平译，江苏人民出版社 2012 年版，第 58—59、274 页；以及上海工运志编纂委员会编《上海工运志》，上海社会科学院出版社 1997 年版，第 104 页。

大转型”是指中国从计划经济再分配体制向市场经济体制的转变。正如加拉格尔所述，中国的市场转型开始于私有领域，90 年代后逐渐渗透到国有领域（加拉格尔，2010）。尽管 1992 年 10 月召开的中共十四大就已经提出“国有企业改革要进一步从放权让利为主，转向机制转换、制度建设”，但 1997 年 9 月召开的中共十五大决定才正式宣告了这场变革的开始。此后，国家采取改组、联合、兼并、租赁、承包经营和股份合作制、出售等形式对国有中小企业进行改造，并采取下岗分流、减员增效、建设“产权清晰、权责明确、政企分开、管理科学”的现代企业制度，对大型国有企业进行改造。1999 年，党的十五届四中全会通过了《中共中央关于国有企业改革和发展若干重大问题的决定》，国有企业最终成为自主经营、自负盈亏的法人实体和市场主体。这一转变完成后，增加资本积累、提高企业利润率成为中国国企的目标，而管理者能够通过自主决策来达到这一目标。

劳动过程理论学者曾为分析工业生产模式的变化实践提供了一系列概念工具。其中，劳动过程指的是“男人和女人面对自然之时，依据他们的想象，把原料变成物品时所进入的关系”，它是由两个分析上有别但实际上并不可分的面向构成：第一，技术与实践面向——生产过程，即人们使用工具将原料转化为成品的一组行为。第二，社会与关系面向——生产中的关系，即生产过程中工人之间、工人与经理人之间的社会关系与权力关系，车间政治指涉了这种关系的冲突性本质在工作场所的表现（布洛维，2005：130–131）。劳动体制指的是在一定的政治经济环境下结构化而定型的劳动过程，生产过程与生产中的关系变化都会带来劳动体制的变化。中国双重大转型下的政治经济结构变迁是推动国有企业生产模式向包工制迈进的根本性力量，但正如历史制度主义所认为的，在制度所处的宏观政治经济环境中，各种事件及行动过程的结果充斥其中，随着时间的流逝形塑了特定制度的发展走向（西伦，2010：262）。从这个意义上看，结构性力量具体以怎样的逻辑推动 TY 公司劳动体制走向“入厂包工”，只有回到劳动过程的具体历史实践中才能够被理解。

第四节 “入厂包工”的源起：跨国劳动过程下的生产重组

借助于全球化，西方企业采取了“空间调整”策略，将生产安排在第三世界国家进行，以规避国内工会的强大力量，进而引发了大规模的资本跨国流动（希尔弗：2012）。资本跨国流动使得产品的生产过程发生了重要转变。“跨国劳动过程”指的是，“受到跨国资本流动、劳动力流动和工厂组织实践三者影响的生产过程不仅与国家联系在一起，同时在结构和空间定位上也具有多层次、跨国性以及全球性的特征”（任焰、潘毅，2006：23）。在资本灵活积累的趋势下，跨国劳动过程的一个重要特征是生产流程在世界范围内的拆分和精细化，而这种拆分方式与全球地理的不平等相结合，将劳动密集型的代工生产转移到发展中国家继续进行。借由全球市场，盾构机的生产也进行了跨国化的重组。H 公司的产品被拆分成不同部分：关乎核心技术的产品在德国研发、技术复杂的部分由 H 公司控股的合资厂进行生产、机体所需的大型结构件则由 TY 公司 S 分公司制造。随着 S 分公司被裹挟入经济全球化下的跨国劳动过程中，其生产过程也产生了明显的变化。

第一，从生产技术看，代工厂承担的是跨国劳动过程中被拆解的环节，这在很大程度上降低了其所需要的研发能力、生产技术和劳动技能。在自主研发和生产压力容器时期，S 分公司需要较高水平的工程师指导生产，工人则要掌握各种技能以应对纷繁复杂的生产需要，而私营厂和包工队根本不具备这些压力容器生产的资质与技术。[①] 铆焊 1 班

① TY 公司的焊工大都掌握了手工焊、氧焊、立焊、自动焊、二氧化碳焊、透视焊等焊接技能。而外协工人仅掌握了集中常用的铆焊技术，但因为经常使用，故而其熟练程度更高。

的班组长告诉笔者：“我们这个工种，正经通过学校出来的话，要八年以上的经验才能够胜任。我们对经验和看图能力，以及数学、操作能力的要求都很高，既要动脑，又要体力。”然而，TY 公司与 H 公司的合作改变了生产的技术要求：一方面，生产图纸均为上游品牌商提供，而这些图纸是被拆解得较为简单的工件图纸，在生产中基本不需要工程技术人员进行指导；另一方面，因为产品较为单一、工艺相对简单，工人所需要的生产技术大多是较为固定的基本技能。TY 公司的焊工虽然全面掌握了各种焊接技术，但大多数在生产中用不到，不少工人埋怨自己的技工证白考了。

第二，从生产周期看，TY 公司产品的生产时间急剧缩短。在自主研发和生产压力容器时期，产品出货时间往往是在订货时间的基础上延后一个月，国内厂商对此都习以为常。TY 公司与 H 公司合作后，成为品牌商“即时供应系统”（JIT）的一部分，需要达到后者“加速生产”和“及时生产”的要求，否则就会被罚款甚至撤销订单，结果就是 TY 公司产品的生产时间变得非常紧张。S 分公司生产部部长告诉笔者：

> 盾构机一般要四个月才能出货，但 H 公司不可能给我们四个月。像盾构机的刀盘，它们自己做都要四个半月，却要求我们三个月就出货。材料采购通常要用 30 天，这就只剩下两个月的时间来生产了。很多生产任务的难度都是这么大！

第三，从生产协调看，个别工序的重要性急剧提升。进行压力容器整机生产时，TY 公司依据“成组生产”方法按工艺将工件分配给不同生产单元进行加工，最后进行汇总装配。在这种情况下，下料、机加工、铆焊、装配等工序在生产中的重要性相差不大，如何使各工段、班组妥善协调配合是生产工作的核心。TY 公司为 H 公司代加工生产盾构机后，不同工序在生产中相互配合协调的需要降低，个别工序——尤其是铆焊工序承担了极重的生产压力，如何提高铆焊生产的速度成为极其重要的问题。

TY 公司 S 分公司的生产过程原本是按照成组方式进行组织的。这种“成组生产”源于社会主义时期的苏联工厂，它强调生产组织上的精细配合、工艺设计上的相互衔接和工人技能的提高，通过成组方式布置机床、使用成组夹具、按成组零件编制工艺，使各组零件都在各自的成组生产单元内进行加工，以应对多品种、小批量产品的规律生产要求（张昭，1980）。但 TY 公司生产过程的变化令管理者意识到，如果他们不进行生产重组、改变“成组生产方式”，就难以应对上游厂商的灵活生产要求。珠三角的劳动力市场上一直活跃着承揽“钢结构”生产的铆焊包工队，这些包工队以掌握专项技能的熟练工人为主力、以数人互相配合的小组为单位、以能够灵活调整劳动力数量为优势，恰好契合 TY 公司生产的新需要。于是，S 分公司于 2001 年开始向车间中引入少数包工队来协助其生产。

外协包工队在生产中的作用连 TY 公司铆焊班组长都承认：“现在如果没有外协包工队，根本就搞不过来，完成不了任务。”他告诉笔者：

> 说起外协包工队，他们的能力说实话不太行。做钢结构还行，铆焊件无所谓，但是压力容器、锅炉这些东西，一般是要按照国家标准进行生产的，他们都没资格做的，再急他们也不能做。但是，做钢结构的话，我们肯定比不上他们嘛！钢结构要求速度快、质量好，外面到处都是做钢结构的包工队，他们天天做这个，我们跟他们比，肯定比不上。

可见，“跨国劳动过程下的生产重组”是最初促使国有企业生产模式开始进行变迁的实践逻辑。需要注意的是，2008 年以前，包工队仅仅是生产的补充，本公司工人仍是生产主力。在这一时期，对包工队的小规模使用既不代表“入厂包工”模式在 TY 公司的确立，也不代表 TY 公司已经走上了资本灵活积累的道路。显然，制度起源的过程并不简单地等同于制度演进与发展的过程，制度往往是在调和与周边环境关系中得到发展的（西伦，2010：261）。尽管“入厂包工”模式起源于跨国劳动过程下的生产重组，但该生产模式的发展壮大却有着与此不同的逻辑。那么令 TY 公司管理者扩大“入厂包工”的原因是什么？前文曾提及劳动过程是“生产过程”与“生产中的关系”两个面向的综合，新生产模式的形成有赖于这两个面向的共同变化。若要分析国有企业生产模式变迁的实践逻辑，还需要分析在市场转型的历史进程中，企业在“生产中的关系”的转变。

第五节　“入厂包工”的发展：车间政治下的劳动力置换

一　国有企业改革之前的“生产中的关系”

国企改革之前，工业企业作为“单位”，并不是单纯的经济组织，它还以国家的名义赋予人们合法的权益、身份与地位，满足人们的各种需求，维持人们安稳的生活，并担任着整合政治与社会秩序的功能（Lv & Perry，1997）。在单位制下，工人与国家普遍存在社会主义“社会契约”，即国家向工人提供永久雇佣与各种社会福利，相应地，工人则以工厂“主人翁”的身份积极投入生产，并在政治上保持对国家的忠诚（Lee，2007：12）。“新传统主义”概念很好地描述了这种基于施恩回报的社会制度，车间领导作为“道德—政治”权威，需要向工人提供庇护来获得后者在生产中的配合，这种相互依赖拉近了双方的关系（华尔德，1996）。TY 公司的老工人告诉笔者，在计划经济时期，领导都很尊敬工人：在日常生活中，他们要进行家访、聊天，解决工人的生活困难，逢年过节要慰问工人；在生产中，要协助工人解决技术问题，与工人共同商议对策，并满足工人在生产中的需要。这一时期的“生产中的关系”以干群互惠为特征，而车间政治往往在工人之间展开，例如，华尔德所描述的积极分子与非积极分子之间的矛盾，或者 TY 公司常见的因调资升级而产生的职工利益冲突，但这些矛盾基本不会影响公司生产的有序进行。

二 工人利益受损与车间政治的兴起

国企改革的实质是生产关系的根本性变革，即从生产资料的全民所有制转变为生产资料的国家所有制，目的是将国企由承担社会职能的“单位”转变为自负盈亏的市场主体，其核心是劳动力商品化与企业社会职能的剥离，具体方式则是下岗分流和建立现代企业制度。2000 年，TY 公司入选广东省现代企业制的百户骨干企业[①]，并于 2000 年至 2002 年间减员 2349 人，随之通过一系列新制度的推行而建立起了现代企业制度。[②]结果，TY 公司的管理权力集中到最高管理层，工人则从“主人翁”转变为工资劳动力。

这种转变使工人丧失了计划经济时期所享有的利益：第一，工人丧失了曾经享有的福利待遇。这不仅包括八月十五的月饼、男女职工的舞会、春天的游园会、周末的电影票，还包括基本的劳动保护。机加工工

① 参见《关于下发我省 2000 年建立现代企业制的百户骨干企业名单的通知》，载《TY 公司档案 2000 年（永久）》第 1 卷。

② 减员分流之后，TY 公司推行了《总经理办公会议制度》《董事会办公会议制度》《党政联席会议制度》《TY 公司中层班子议事规则》《中层领导班子成员谈话制度》《主体生产车间员工绩效考核管理办法》《集团公司职能部门员工绩效考核管理办法》《集团公司经营部门员工绩效考核管理办法》《车间岗位职责》《科室岗位职责》《员工行为守则》《员工行为守则（修订版）》《员工行为守则（二次修订版）》《实行佩戴胸卡上岗管理和打卡考勤管理制度》《6SK 生产管理制度》《TY 公司压力容器分公司机械加工及装配岗位激励机制实施方案》《班组综合绩效考核管理办法》等一系列规章制度，以对员工进行管理。国企改革之后，TY 公司的工资制度为“岗位工资 + 奖金”，工人的岗位工资为 1100—2000 元 / 月，而奖金则根据工人绩效考核情况酌情发放。

段的质检员张师傅告诉笔者，以往车间会配备厂医，以准备应对紧急伤害，但现在工段中仅有一个装有纱布、胶布和碘酒的急救箱。第二，工人丧失了在生产中的地位与声望，管理者将其看作被配置的“资源”和管理的对象。下岗后的一段时间里，“炒鱿鱼”成为管理者威胁工人的方式，如果工人不服从安排，管理者就会说：“你们不干，有的是人干！到火车站一拉一车！”第三，工资过低，而克扣工资、福利和随意惩罚的情况经常发生。2004 年，TY 公司推行《员工行为守则》后，几乎所有工人都曾因工作时吸烟、坐凳子休息或在车间吃早餐等问题遭到罚款。

国有企业的固定工人显然对自己低管理者一等的“工资劳动力”身份并不认同。在入职调查期间，一名女工人向笔者抱怨：“怎么说呢，我们工人也不傻不呆，我们只不过比他们少读几年书而已。说得不好听一点，你就是比我们幸运了一点，当了领导，但是不应该这样不重视工人。”一名技术水平很高的男工人也一肚子怨气：“现在的领导就一味地让你干活、干活、干活，根本就不关心工人，没有一点关怀和问候，没有重视工人的角色！”实际上，这些固定工人成为国企传统的载体，他们对光荣岁月的追忆、对社会主义传统生产模式的怀念、对现状的不满，以及对剥削的痛恨成为其对抗管理层的内在动力。

笔者用车间政治指代冲突性的“生产中的关系”在生产场所的实践。从 2001 年到 2013 年，TY 公司的车间政治形态发生了明显变化。在 2001 年至 2005 年间，利益受损虽然引起工人的不满，但出于对惩罚的惧怕，工人开始仅以发牢骚这种“弱者的武器”应对管理者的高压。2006 年后，出现了个别工人与管理者的冲突。例如，一名铆焊工人干完活后，因为天气太热坐在地上休息，被管理者看到并威胁扣罚其工资，他在与管理者的争执中抄起身边的钢条就要追打管理者，引起多人围观起哄；一名钻床操作工人操作机床时用凳子垫着工件的另一头，却被管理者误认为他在工作时坐着凳子，在管理者准备对他进行罚款时，他突然对管理者大打出手，并引起围观工人喝彩。这类冲突的发生使管理产生松动。

2007年年底后，工人的抵制变得明显与直接，TY公司车间中的劳资冲突持续不断。这一阶段工人的抵制策略包括：第一，故意违反规定。铆焊工人会借打开水去车间另一头的机加工班组串岗聊天，有时则会同班组的人聚在一起吸烟、说笑，他们即便遭遇来车间巡视的管理者也不为之所动。钳工张师傅会把20块钱的纸币夹在机床灯泡的下方，然后点上一支烟、放着音乐工作，如果遇到劝阻他的管理者，他会直接指一下灯泡说："钱在这里，你自己去拿啦。"工段文书AZ告诉笔者："工人最后都说，你想扣钱就扣钱了！反正我们扣一次就十块钱，工人不给你干活，你损失就大了！你看谁损失严重！说什么'到火车站一拉一车！'那你拉去呀！"第二，怠工和拒工。怠工与拒工是工人抵制管理的最常见方式，钻床操作工YJ因在工作时间内上厕所被降工资后就开始拒工，她会对派工的班组长说："我一个月工资才1700元，我这么低等级的工人做不了高等级的事情，你找别人去做吧。"而JQ因为坐凳子被罚款后就开始怠工，他说："这个零件2个小时可以车完，但我就给你车8个小时。你让我损失20块，我让你损失20万元，看谁的损失大！"在生产中处于核心位置的铆焊班组工人则以家里小孩生病、家里有事为理由拒绝在晚上和周末加班。第三，争论与挑衅。管理者在2003年国企改革前后曾以"炒鱿鱼"威胁工人，但2008年以后，这反而成为工人挑衅管理者的方法。一次开车床的LB因琐事与管理者起了争执，管理者威胁说要炒了LB，LB反而说道："我正想早点退休，给我两万元我就走！你今天炒了我，我明天就请你吃饭！"而仅仅在2010年至2011年间，TY公司工作场所就发生了两次局部停工，更遑论其余时期了，这导致企业难以如期出货。[①]

① 笔者在TY公司进行田野调查期间，一共经历过两起停工。第一次是2010年6月，TY公司工人因为工资水平过低进行的怠工导致H公司订购的盾构机不仅生产速度很慢，而且接连出现质量问题，结果是H公司对TY公司封杀两个月；第二次是2012年3月，铆焊工人反对计件工资吨位单价不合理的怠工导致H公司订购的盾构机后拖车生产速度过慢，质量不符合要求，结果H公司退货。

希尔弗用“波兰尼式的劳工抗争”指涉因经济转变而被消解的工人阶级和那些曾经从已经建立起来但正被从上而下抛弃的社会契约中获益的工人们所进行的反冲式抗争，TY 公司的正式工人对管理的抵制就属于这一类型（希尔弗，2012：25）。这种抵制因为中国转型时期特定的政治经济结构而被加强。李静君（Lee，2007：25）将该政治经济结构称为“分散积累的法律威权主义”①，即在国企改革下，一方面企业成为自负盈亏的市场主体，具有独立的经济决策权，以利润最大化为目标；另一方面，企业必须实施中央政府为缓解劳动问题、保证社会稳定而颁布的各项劳动法规。②这种政治经济结构使得企业面对资本积累与守法遵规之间的张力、面对自身经济利益与国家要求之间的张力；这种政治经济结构还使得工人在地位丧失的情况下，能借助各种政策法规与管理者进行博弈。2008 年《中华人民共和国劳动合同法》实施后，固定工人不仅拥有 20 年到 40 年不等的连续工龄和社会保障，还重新获得诸如高温补贴、技术津贴、住房补贴、用餐补贴等政策性福利③。在《中华人民共和国劳动合同法》的限制下，TY

---

① “分散的法律威权主义”（decentralized legal authoritarianism），“分散的”指的是市场转型以后中国地方经济决策上的“分散积累方式”，即地方政府被赋予财政权与行政权，其经济决策能力增加；“法律威权主义”指的是国家合法性基础从计划经济时期的乌托邦式意识形态、个人权威、行政命令转变为“法律治理”的努力。具体请参见 Ching Kwan Lee，2007，*Against the Law: Labor Protests in China's Rustbelt and Sunbelt*，Los Angeles：University of California Press。

② 例如，2011 年 1 月，国资委主任来 A 市 TY 公司考察时提醒管理者要重视稳定工作，指示：

> 要正确处理好企业发展与稳定的关系。国资委主任强调，全力推进企业的科学发展是我们的重任，但同时要处理好发展与稳定的关系，要以高度的责任感，依法依规妥善处理历史遗留问题。

该资料源于《今日 TY》，2011 年。

③ TY 公司固定工人主要有三批人，第一批是 1972 年左右进入公司的老工人，笔者在公司调研期间，他们正在逐渐退休；第二批是 1991 年左右进入公司的工人，他们是当前 TY 公司的主要劳动力；第三批是 2000 年以后招收的技校工人，这些工人流动性较高，留在 TY 公司的并不多。1972 年进入公司工人与 1991 年进入公司工人都是经历下岗分流后依然留在 TY 公司的工人，他们的工龄是从入公司时算起的，所以这些人的工龄都是 40 年或 20 多年的。

公司必须严格遵守八小时工作制，不能随意安排工人加班，且不能随意扣罚和解雇工人，否则就会遭到检举。TY 公司前董事 WYX 说：

> 职工会因为很多事情去告你，包括补偿啊，加班工资不发啊，加班时间长啊，节假日的工资不是按照 300% 给的呀，哪怕夏天发的清凉饮料不合适都在被告的范围之内。员工非常明白，只要你这些东西不按法律规定来，就一告一个准！

难以解雇工人对管理构成更大的限制。TY 公司 S 分公司的生产部长告诉笔者，解雇工人需要总公司人力资源部和劳动局批准，还要到社保局申办失业保险，如果不能证明工人违规，还需要按照工龄、工资对其进行补偿，再加上工人自己会把多年前的补休单拿出来索取补偿，所以企业基本上不会去自找麻烦。

TY 公司管理者也曾试图通过大量招收新工人的方式来填补劳动力的不足，但这些年轻工人要么被老工人劝走了，要么在老工人的影响下习得了消极怠工的坏习惯。[①] 在固定工人的抵制下，管理者发现任何指示都难得到下属的积极服从，他们无法通过提高生产强度、增长劳动时间来达到 H 公司对“及时生产”和“加速生产”的要求，结果是国有资本的灵活积累遭受极大的阻碍。

三　“劳动力置换”逻辑与“入厂包工”的发展

从历史角度看，“入厂包工”并不是 TY 公司 2002 年以后的新发明，而是一项用以应对生产计划急剧浮动的传统方法。一者，企业在

---

① TY 公司每年都会招收上百名技校学生，但最终留在 TY 公司的仅有不到 20 人，“留不住人”在职代会上一直是笑谈。铆焊生产需要多人合作进行，在生产中，老工人通常会告诉年轻工人：自己努力工作了几十年，工资也就只有 2000 元，这里工资太低、待遇太差，他们就算在 TY 公司努力工作几十年，工资也不会增加多少的。自己年龄大了，没有办法离开，也没有必要离开，但年轻人还有资本离开，去私营厂工作赚钱，否则，他们连媳妇都娶不了。

1972 年时，就通过招收少量临时工与集体制职工来解决季节性的用工不足问题。而在 1983 年国企劳动合同制产生后，TY 公司又从周边农村招收了不少合同工。二者，1988 年国企施行承包经营责任制后，TY 公司开始以班组承包的方式进行生产，其间也获得了不少市场力量的帮助。到了 2001 年，TY 公司的董事长——其在 20 世纪 80 年代曾在 TY 公司任车间主任，将上述两种用工方法相结合，并在增量改革的基础上，借用珠三角蓬勃发展的市场，引入了包工队来协助生产。但是，在 2008 年之前，非正式工人和外协包工队的重要性并不明显。但是在 2008 年《中华人民共和国劳动合同法》颁布后，正式工人对管理层的反对变得明显与激烈。与此同时，管理方通过大量引进外协包工队，来应对正式工人的抵制与怠工。此后，外协包工队在生产中的重要性大幅提升。

“劳动力置换”指的是用临时的、灵活的、无契约和社会福利的边缘就业群体，替代具有永久身份、受法律保护、享有社会福利的核心就业群体。“劳动力置换”的目的是在不解雇固定工人的前提下，通过对外协包工队的使用，在生产中将固定工人边缘化。正如 TY 公司副总经理 HKJ 所说：

> 工人来和你闹、和你吵，无非就是不干活嘛！他们坐在那里不干活，认为反正天天都来这里上班，不干活也有钱。行！那我就不安排你干活了，你靠边，让别人做，总归你不能把机床占住，我还能安排别人来做。外包队把活做了以后，那些工人自己就没什么活干了，工人活少了以后，是他们自己赚得少。

TY 公司 S 分公司前质量部部长也表示：

> 做一两个亿的盾构机项目，只靠这两个施工组都可以搞下去，

我甚至都可以再引进两个施工组，只要价格合理，还有很多包工队想进来做的。你看德国H公司，外协包工队的人比它们自己的编制员工还多，我们就是它们的外协包工队！

2008年之后，S分公司加大在生产中引进外协包工队的力度，在铆焊工段将外协包工队从两支扩大为四支。更重要的是，2011年1月起，TY公司取消了以往的结构工资制度，在铆焊工段和下料工段推行吨位计件工资制，而在机加工工段推行工时计件工资制。工资制度改革后，正式工人的制任务量的减少会导致计件收入的显著减少，将生产任务派给外协包工队使固定工人感受到了切实的威胁——他们如果不努力工作的话，收入和生计都会被外协工人抢走。结果是，这些曾经处于生产核心、掌握着技术的老工人所拥有的工作场所讨价还价能力，随着外协包工队的数量增加而逐渐丧失。微薄的基础工资令正式工人感到一种背弃感，但是，即便是曾经最积极的反抗分子，也对现状感到无可奈何。管理者不再回应他们的抱怨与停工，还将他们的收入完全与其劳动量相挂钩。正式工人尽管心存不满，但不得不加快生产速度、增加加班时间、提高生产强度，成为国有资本灵活积累机器中快速运转的一枚枚齿轮。2013年以后，随着正式工人逐渐退休，管理者基本扫除了固定工人的阻碍，掌握了生产场所的控制权，提高了利润率，步入了资本灵活积累的轨道。

第六节 小结

对“入厂包工”的自主使用在一定程度上有效解决了TY公司从2002年到2015年，尤其是2008年到2013年间在转型升级过程中的燃眉之急。第一，劳动力使用的灵活性得到了提高。外协工人与包工头和TY公司都未签订劳动合同，故而是一批招之即来、挥之即去的劳动力，雇主可以根据任务量的大小调节劳动力的数量。第二，劳动控制的灵活性也得到了提高。包工头对外协工人的劳动控制既不依靠刻板的制度，也不在工会、职代会或党委会的监督之下，而是完全交由工头或包工头个人进行。第三，劳动力价格的灵活性也得到了提高。企业管理者与包工头不仅可以根据经营状况对外协工人的月工资进行调节，而且不必为外协工人缴纳社会保险，这使得劳动力价格能够根据环境变化而灵活变动。总之，采取这种生产模式后，企业资本的周转时间得以缩短、劳动力成本得以降低。第四，随着生产不再依赖留存职工，劳资矛盾对生产的负面影响亦得到限制。虽然"入厂包工"并没有根治TY公司遗留的劳资问题，计件工资亦引起了更多的"讨价还价"，但在企业管理层面的劳资冲突压力相应地获得了降低。与此相应，平等公正、相互尊重等理念则被从工作场所中"请"出去了。

2018年之后，随着TY公司夯实了其作为高端装备制造厂商的地位，在大型盾构机、智能驱动垃圾焚烧发电设备等制造上取得了突破，并实现了产业转型升级。此后，TY公司的经营状况得到了好转，其职工工资有所提升。随着更为年轻的劳动者逐渐成为TY公司的生产主力，公司生产共同体开始进行重建，劳资关系得到了好转，正式职工的劳动积极性也得到了提升。2021年，TY公司的党群活动中心建成，其中包括职工书屋，并配备了各式健身器材。TY公司的管理层恢复了计划经济时期的文化传统，包括"比、学、赶、帮、超"劳动竞赛、各种慰问活动等。2022年，TY公司开设了面向职工的瑜伽班，翻新了篮球场，并在元宵节期间组织了猜灯谜、吃汤圆等活动。随着生产产品的转变，国企文化在一定程度上实现了复归，工人配合程度不断提升，生产共同体重新崛起。然而，TY公司使用外协包工队的传统依然延续了下来，其二元劳动体制也得到了保留。

第五章
ZG 公司：派遣用工与二元劳动体制的发展

与市属重型设备制造企业 TY 公司不同，ZG 公司的产品以轧辊等冶金制品为主，其生产过程主要是钢材的冶炼加工。其作为大型央企下属的子公司，与仅需要在市场中谋生存的地方国企——TY 公司相比，ZG 公司面临的经营指标压力更大，并需要迅速降低其生产成本。与 TY 公司相似的是，ZG 公司在 20 世纪 90 年代后的国企改革时期，企业高管同样产生了严重的贪腐问题，老工人的利益严重受损，并展开了一系列护厂行动，劳资双方积怨由此产生。面对产业转型升级要求，ZG 公司又发展出了怎样的劳动体制予以回应？其生产发展与转型升级的效果如何？这是本章将要讨论的问题。

第一节　ZG 公司的发展历程

ZG 公司位于河北省 X 市，X 市因富含煤矿、铁矿石等资源，是一个典型的重工业城市。1958 年“大跃进”期间，中国冶金工业部为了适应全国冶金工业迅速发展的需要，决定新建两个机修厂，以增强全国冶金设备及备件的专业制造能力，一厂定于西安；另一厂则因 X 市方便的铁路交通位置、丰富的煤炭资源而定位于此。ZG 公司在计划经济时期成为冶金工业部下属的四个冶金机修厂之一。[①]

ZG公司在建厂初期所承担的主要任务是冶金设备制造，其产品主要为系列化高炉、平炉、转炉、电弧炉及焦炉设备；系列化开坯轧机、型钢轧机、管材轧机以及其他非标准设备及关键备件。轧辊产品为多规格、多品种、小批量的铸造轧辊。

与TY公司建厂初期的状况相似，ZG公司的工作条件同样非常恶劣，《ZG厂厂志》记载：

> 当时缺少现代化运输设备，仅有几台普通载重汽车，大量的物资运输全靠人力车、畜力车，靠人工肩扛挑抬完成。……职工散居在XT市的铁工街、羊市道、马市街、靛市街和周围农村。上下班全靠步行，每天来回要走10余公里，工作12—16小时，绝大多数职工吃在工地。（资料来源：《ZG厂厂志》，第5页）

1959年6月建厂时，时任国务院总理周恩来亲自来厂考察，对全厂职工提出了殷切的期待。20世纪60年代，ZG公司调整了公司的生产方向，明确了为全国冶金工业服务的方向，并为冶金、矿山生产备品、备件和成台设备，并提出了“先维修、后制造，先配套、后主机，以备品备件为主”和“先生产、后基建，基建宝当前生产”的工作方针。据此，ZG公司决定停产高炉、焦炉，缓建平炉，并砍掉了中板车间、电机制造车间和水泥车间；保留铸钢、铸铁、木型、金工四个车间，并将铆焊和锻压车间合并为铆锻车间。这为ZG公司之后的组织、部门结构打下了基础。

1963年，铸铁车间技术员研究的“封闭式压力加镁铁水球化工艺”试验成功，随即采用此项工艺批量生产了半冷硬球墨铸铁型钢轧

① 其他三个冶金机修厂分别位于沈阳、衡阳和西安。

辊；该年 9 月，试制成功了球墨复合铸铁薄板轧辊，并投入批量生产。1964 年 2 月，大型 1135mm 球墨合金铸铁轧辊试制成功。此后，轧辊成了 ZG 公司的主要产品。

与此同时，ZG 公司的工人享受着较好的单位福利。随着企业生产的发展，职工文化和生活福利设施也逐步得到改善。从 1960 年到 1966 年年底，ZG 公司共建职工住宅楼 14 栋、单身职工宿舍楼 2 栋，这使得散居在市内和市郊周围农村的职工相继迁入新居。此时，ZG 子弟学校和幼儿园也初具规模，1966 年年底，幼儿园已有保育人员 15 人，入园幼儿共 148 人。1964 年，职工医院也由生活区平房迁入新址。

与 TY 公司相似，ZG 公司同样在市场改革初期，遭遇了进入市场的困难。1980 年，ZG 公司的订货合同下降了四分之一，由冶金工业部下发的任务严重不足。到 1981 年，冶金工业部更是终止了统一订货、分配任务的办法，而改由生产厂家自己组织订货。此时，国家分配的生产任务只占其额定生产计划的 15%，绝大部分任务量需要企业自己想办法解决，自行进入市场，竞争订单。然而，因为 ZG 公司交货不及时、售后服务不周到等问题，而缺乏市场竞争优势。此后，ZG 公司为了找准市场，再次坚定了将生产经营重点转向冶金轧辊的决策，并打出“依靠市场、适应市场、增品种、上质量、以新优产品主动服务市场”的口号。1982 年后，ZG 公司终于走出了低谷，进入了企业发展最快的时期。

1986 年年底，ZG 公司提出了“六八五三”的经营方针[①]。在 80 年代中后期，随着市场改革带来的全国生产建设加速，ZG 公司也进入了辉煌时期。ZG 公司因为较早找准了自身的市场定位，并开发了拳

---

① 具体而言，“六”指的是要求企业应积极迎接六大挑战：一是保合同；二是开发新产品，促进产品更新换代；三是适应市场形势，进一步开拓国内市场、涉足国际市场；四是改善经营管理，提高企业效益；五是增加职工收入，改善职工生活；六是提高职工素质和管理水平。“八”指的是“团结、奋进、求实、创新”八字方针。“五”指的是围绕“拓资源、多产出、上质量、降消耗、增效益”的五个推进。“三”指的是全公司行政工作实行生产经营、创优攻关、技改基建三条展现作战的工作部署。

头产品——冶金轧辊，故而与TY公司相比，前者在90年代初期的发展并没有陷入困境。到1990年，ZG公司的职工人数达到了7203人，共有56个管理机构、11个生产分公司、2个辅助生产分公司，年生产能力达到5.5万吨，其轧辊产量占全国商品轧辊总量的27.8%。

轧辊如同冶金机械的硒鼓，需要配合轧机同时使用。轧机的寿命往往能够长达十年甚至几十年，但是轧辊作为钢铁冶金的易耗品，只能轧一定数额的钢铁制品，例如，轧300万吨钢铁制品后，轧辊就需报废更换。进行一次更换，就需要同时更换14根轧辊，考虑钢铁制品厂轧机数量可能不止一台，所以企业一次的购买量往往是几十根轧辊。在经济发展态势较好时，钢铁生产企业对轧辊的需求巨大。

随着中国市场经济体系的建立，ZG公司在20世纪90年代进入了快速发展时期。ZG公司总调度ZH说：

> 就说规模吧，20世纪90年代那会儿，我们要干到什么程度？两个月的总产值就达到了4000万元；按照吨位，我们两个月就要生产2000吨。以前，年产量就是几千吨，到了90年代，就是上万吨。90年代中后期的话，这个水平还要再乘以二，也就是全年有三个亿到四个亿的产值。

1999年，ZG公司主体在上海证券交易所上市，2006年4月19日，ZG公司整体加入了中国中钢集团公司。此后，ZG公司进入了井喷式发展的阶段。2000年，ZG公司的年生产总值为7亿—8亿元，2006年后，ZG公司的生产总值迅猛上升，2008年，其年生产总值高达32亿元。问起2006年以后，ZG公司的发展为什么这么快，铸钢分公司生产部部长LT先生说：

> 1999年挂牌上市，2001年加入WTO，这些对我们的影响都

不算大，真正发生变化的还是从2006年开始。从宏观政治角度看，我们整体加入中钢；此外，外部市场确实非常好，全国整体都在上大钢厂，我们恰好抓住了这个机遇。2006年以后，我们就开始扩大规模。我们以前的总资产才21亿元，但在“十一五”规划中，我们投入了22亿元进行技改。到后面，规模就喷发了。我记得2008年以后，全国各地所有省都在上钢厂。当时到了什么程度呢？2006年到2008年的时候，有些钢厂给我们的是开口合同，也就是我们随便生产，我们能生产多少，他们就要多少。为什么？因为热板最贵的时候一吨要4600元，但它的成本不超过1000元，利润有百分之三四百。对于钢厂来说，轧钢机就是印钞机。他们为什么给开口合同？因为对他们来说，那点钱就不是大事。还有一些小用户，拿大背包装着现金，就在我们公司门口等，说“你把产品给我，我们立刻把钱给你。你赶快把钱发给工人，把活给我干好!”

此后，ZG公司成为全球最大的冶金轧辊制造企业，其轧辊产品的国内市场占有率达40%以上，全球市场占有率约为15%，ZG公司总调度ZH骄傲地说：

我们的轧辊涵盖了欧洲和美加。我们在欧洲的市场很大，尽管欧洲的钢铁业是夕阳产业，但是基本上欧洲的钢厂都有我们的产品。还有亚洲，包括韩国、日本、东南亚，非洲的埃及，好一点的国家都有我们的产品。澳洲也有，澳大利亚、新西兰的钢厂也都在用我们的产品。轧辊是我们引以为豪的作品，我们的产品覆盖全球，现在我们厂是世界第一的轧辊厂。上个月德国代理来我们企业参观，对我们很满意，还和我们签了订单，制订出货日期。

然而好景不长。2009年以后，ZG公司便陷入了转型升级陷阱。

随着全球经济危机的到来，各国经济发展速度放缓，中国国内基础建设收缩、房地产开发放缓，钢铁价格和轧辊价格持续下调，ZG公司立刻陷入危机之中。2009年以前，ZG公司轧辊产品售价较高，每吨至少2万元，多的时候每吨可达3万—4万元。ZG公司很容易就可以把总产值做到32亿元，职工轻松工作，每月工资都可以达到3000元左右。但2009年以后，ZG公司需要以极高的强度组织生产，才可以将产值维持在24亿元。讲到自身之所以陷入困境，ZH说：

> 研发不在我们这里，核心的部门不在这里生产，所以说现在为什么是给别人打工，就是因为我们的生产部分也很伤悲。就拿焦炉来说，我们自己铸造、生产，自己组装、安装、最终出厂，唯一一点是不能打我们的标签，我们卖给他们也就是一万多块钱一吨，但是他们卖出去以后，这台设备大概能卖到六七百万元。一般这样的设备就有几十、上百吨，但人家拿出去卖一个，就有五六百万元到账。我们的制造水平是绝对没问题的，从制造、加工到热处理都很到位，但是我们主要是欠缺设计这一块儿工作，也总是没有办法。一是因为控制系统在他们手上，二是因为他们有市场、有品牌做后盾。

另一方面，钢铁生产企业的订货期也变短了。比如，以往冷轧辊从订货到出货要八个月时间，其他流程比较短的产品也至少需要三个月。但2009年后，ZG公司生产最快的时候，需要40天之内交货。

可见，ZG公司产品的全球市场份额虽然高，但其处于全球产业链的中下游，也未能找准自身的比较优势。其轧辊产量之所以能够达到世界第一，恰是因为轧辊生产对环境破坏极大，西方国家不愿意自行生产。虽然ZG公司也生产其他冶金设备，但是也是为日新集团等国际知名钢铁企业做代工，并不掌握核心技术。2013年后，随着全球经济发展持续放缓，轧辊企业的生存变得困难。若要在当时的市场行情下完成集团下达的产值要求，ZG 公司必须提升产量。结果职工月收入水平维持不变，但其劳动强度却增加了，工作环境也恶化了。在这种情况下，转型升级已经时不我待。

综上，笔者讨论了 ZG 公司从 1958 年至 2014 年的发展进程。从中可见，与 TY 公司相似，国家力量与市场力量同样对 ZG 公司的生产经营造成了极强的影响，但具体的影响方式并不相同。首先，国企改革的不断深化将 ZG 公司推向了市场，并深深影响了其从上市到加入中钢集团等各个重要决策。ZG 公司加入中钢集团，是对其自身生产组织方式与劳动体制转变影响最大的事件。与 TY 公司——地方国企不同的是，ZG 公司是央企下属子公司，其各项经营指标都由中钢集团制定。2006 年，中钢集团要求 ZG 公司减员 10%，将人均年产值提升到 43 万元，这项任务使 ZG 公司的生产压力陡增。其次，市场力量与全球经济趋势也对 ZG 公司的发展状况影响颇大。中国市场经济的发展使 ZG 公司在 2000 年发展迅猛，2009 年全球经济危机又直接将该厂立刻推入了困境，ZG 公司不得不进行转型升级——增强节能环保力度、提升产品质量、增强技术创新能力，并降低生产成本。

第二节　ZG 公司的生产过程

劳动过程在分析上存在两个维度：生产过程与生产中的关系。ZG 公司的劳动过程主要是依据冶金轧辊生产工艺进行组织的，而生产中的关系则与特定工资分配方式、工时制度、工作环境状况下对劳资关系的影响密切相关。接下来，本节将对 ZG 公司的生产过程和生产中的关系予以呈现。

一 ZG公司的生产过程与生产组织方式

ZG公司的产品包括轧辊和冶金成套设备的制造，其拳头产品为各式冶金用轧辊，包括冷轧辊、热轧辊、异型轧辊、线棒辊、小冷轧辊、轧辊修复等。其生产从接受订单开始，轧辊生产最为重要的环节是材料的铸造，材料的好坏决定了轧辊的质量与使用寿命。ZG公司首先采购废钢、生铁等原材料与贵重的稀有合金，随后送入铸钢或铸铁分公司进行钢材的锻造。在铸钢分公司，木型车间需要按照轧辊造型要求制造模具，而炉前工人则会把废钢投入高炉与各种稀有合金按照比例混合，并按时间要求熔断，滚烫的钢水随后会被倒入沙模进行铸件成型。铸件成型后还要进行热处理以保证材料的性能，随后铸件会被送往清整车间对废片和毛刺进行清理，这样轧辊的毛坯基本上就成型了。成型后的毛坯会按照用途和客户要求送往不同的加工分公司进行机加工，这些轧辊经由车床、镗床、磨床和铣床的加工后，就可以验收出厂了。ZG公司的具体生产流程请见下图：

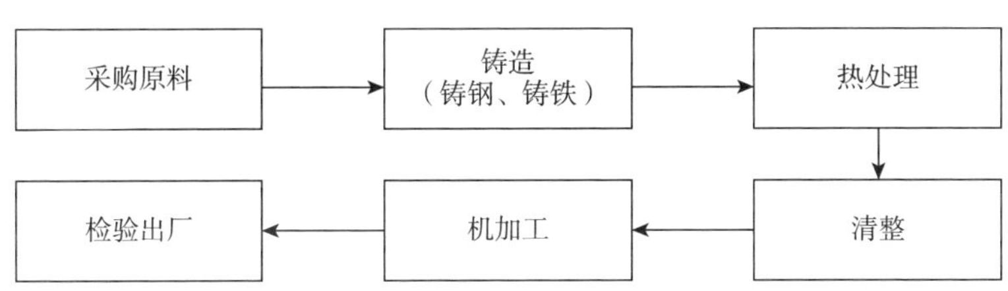

图5.1 ZG公司轧辊生产流程

2006年之前，ZG公司主要借助传统工票引导工序的推进，其劳动控制极为简单粗放。ZG公司整体加入中钢集团之后，引进了一系列新技术来升级产线。材料铸造环节则成为技术改造的重中之重。具体而言，ZG公司引进了如下新技术。

第一，通过ERP（Enterprise Resource Planning）系统，推进TQC（Total Quality Control）和JIT（Just-In-Time）体系的运作。

ZG 公司的铸钢、铸铁和机加工生产已经全部被纳入 ERP 系统进行全过程质量成本控制。在这个强大的技术系统监控下，所有生产数据都能够被自动采集。例如，一个市值 5000 元的轧辊，如果要将成本控制在 3500 元以下并于一个月内交货，那么 ERP 系统就会计算出相应的材料、配料方式，以及每一个生产流程所需要的时间。2014 年，ZG 公司的所有生产单元和重型设备都接入了 ERP 系统，并连接上网。

图 5.2　ZG 公司可接入 ERP 系统的电渣炉

第二，使用了数控机床。2006 年以前，ZG 公司的机加工生产完全依靠半自动化机床进行，而公司整体加入中钢集团后，新购置了一批数控机床，包括数控车床、数控镗床和两台数控五面铣床。半自动机床的操作要完全依靠工人的经验，其精度浮动范围较大。而数控机床是全自动的，其操作程序已经由工艺部分设定好了，工人只需按下按钮即可。

图 5.3　ZG 公司数控龙门镗铣床加工中心

第三，电弧炼钢炉的自动化改造。在 2006 年之前，冶金制造企业中的炉前工人的工作完全是个体力活。工人们需要拿铁锹往钢水里面加料，重量配比都是依靠人工掌握，温度的测量也是由人工完成的。在这种情况下，工人又累又危险，铸件的质量和性能也很难统一。2006 年以后，ZG 公司对电弧炼钢炉进行了自动化改造。此后，钢炉不再需要人为加料，炉前工人也只需要盯着操作盘，在 ERP 系统提示的时间内进行加料、升温、降温等操作即可。

在 ERP 系统、数控机床与自动化炼钢炉的使用下，ZG 公司的生产协调方式从以领导命令和工票传送为主的经验协调，转变成为以 ERP 系统为主的技术协调。与此同时，管理层、班组长的权力提升，而工人丧失了对劳动过程的控制权。

第一，管理层地位显著提升。管理层为每个产品的成本、质量、能源使用负总责，并时刻用电脑监视整个生产流程。不同管理层拥有系统使用的不同权限，能够通过系统看到不同的生产界面，进而随时对生产流程进行跟进。ZG 公司的 ERP 系统有四个报警系统，第一个是质量报警，第二个是成本报警，第三个是定流报警，第四个是进度报警。一旦系统发出警报，相应的主管部门就要立刻查找原因并采取处置措施，这也使他们成为劳动过程的真正控制者。

图 5.4　ZG 公司 70 吨钢包精炼炉

第二，班组长权责的提升。以往班组长的职责是派工、考勤，对工人进行技术指导，对生产进行基本质量控制等。ERP 系统上线后，ZG 公司开始推行以组长责任制为主的管理方式。班组长的责任不仅包括派工、组织生产，而且需要承担产品的质量、成本责任。比如，在炼钢过程中，ERP 系统的报警装置一旦触发，电钳班组长就会受到追责。这时，他不仅需要填写表格向领导上报为什么会出现问题，还要负责整改。与此相应，其对工人的控制权也增加了。2013 年以后，班组长成为班组工资制度的制定者与工资的分配者，他们能够通过设定工人的工资系数，对后者的收入施加影响。

第三，工人责权持续减少。随着设备的改造升级，管理方对工人经验和技术的倚重在持续降低。随着与轧辊生产过程相关的知识集中到工艺科，经验丰富的老工人彻底丧失了对劳动过程的控制权，他们在生产中的重要性也越来越低。与此相应，老工人的话语权、工资水平、在企业中的社会地位、所享受的福利待遇也一并被降低了。

三　ZG公司的生产中的关系

ZG公司的生产中的关系并不和谐，工人因工作时间长、工资收入低、工作环境差而心怀怨怼，但因为X市的市场经济并不发达，工人很难像TY公司中的工人那样容易找到工作，故而在工作中敢怒而不敢言。小部分职工想方设法地发展第二职业，大多数职工则进入了怠工和等待内退的状态。

具体而言，ZG公司的老工人主要对三个问题怀有不满：第一，工时较长。ZG公司生产是全年无歇的，其以往的工时制度为“三班倒”，每班工作八小时：第一班是从早上八点到下午四点，第二班是从下午四点到凌晨十二点，第三班是从凌晨十二点到次日早八点。工人被分为三个班组，每过一星期，就轮转一次班。2013年，ZG公司开始施行“四班三倒”的工时制。“四班三倒”同样是将24小时分成早、中、晚三班，不同之处在于多加了一个班次进入生产。这样，每一个班次的工人就能够休息16个小时。实际上，在“三班倒”和“四班三倒”的情况下，工人每周总体的工作时间并没有差别。在“三班倒”的情况下，工人是有双休日的。如果企业安排工人在周末加班，就必须支付加班工资。但是，管理方将“四班三倒”解释为弹性工时制，并取消了双休日。结果，工人的劳动时间和以往一样，但加班工资却没有了。

第二，工作环境差。ZG公司的车间工作环境很差。首先是粉尘大。无论是加工分公司还是铸钢、铸铁分公司，车间始终弥漫着粉尘。ZG公司在20世纪80年代曾想过减少粉尘的办法，但目前生产任务过多，亦顾不上改善粉尘污染状况。尽管操作工人都能领取口罩，但这种个人化的粉尘保护对工人健康的意义并不大，一方面是车间内的温度过高，使得工人不愿意戴口罩；另一方面是很多工人觉得生产的时候戴着口罩很麻烦。其次是噪音大。与TY公司相似，ZG公司的生产车间也是充满了叮叮当当的金属碰撞声，人们彼此说话都需要扯着嗓门喊。最后，铸钢和铸铁车间的温度很高。铸钢分公司和铸铁分公司是ZG公司所有车间中环境最糟糕的地方，这里不仅粉尘大、噪音大，还要备受烘烤。炉前工人的工作环境尤其恶劣，在夏天的时候，一到钢水出炉后的扫水环节，工人们就像进了“桑拿房”，每每都是满身大汗。

第三，工资收入低。ZG公司的不同工段、班组工资方法方式是由基层管理者决定的。以铸钢车间为例，班组工资总数是由工人基础工资加奖金构成的，工人的基础工资是由ZG总公司发给工人的，而奖金则由各个分公司通过班组下发。班组的奖金根据分公司对其质量、产量和成本的考核决定。ZG公司对铸钢分公司的奖金考核方式是：生产一吨合格钢水发40元奖金，在加工分公司，加工一吨合格轧辊发0.5元的奖金。LIU认为总公司制定的奖金方案并不合理，他说：

> 在其他公司，每吨合格的钢水奖励为100元，我觉得我们应该拿200元，因为我们的工作和环境具有高危性，而且我们创造的产值是很高的，况且工人们还没有津贴。但是ZG公司只给我们40元！

铸钢分公司则按照每个班组生产的钢水产量和质量乘以单价来计算班组的奖励金——每个班组的日产量和月产量记录就是计算依据。不同材质的钢材价格差距并不大，具体到不同班组上，分配方案就各有不同，例如，炉前工人的工资计算方式较为简单，其工资计算方法是：

工人月工资＝岗位工资＋绩效工资

工人月绩效工资＝个人系数 × 班组平均绩效工资

其中岗位工资占比60%，奖励工资占比40%。[①]这样算下来，一名普通的炉前工人扣除“五险一金”后，其月工资水平为3000元。因为炉前工人是集体作业的工种，所以个人工资差别并不大，工资最高的工人与最低工人之间的差别大概为三四百元。班组长的工资比普通工人多20%。

而铸钢车间钳焊班组的工资计算方法则为：

> 班组工资基金=[基础工资+考核工资]+技术闯关工资（班组内部）[②]

与TY公司类似，ZG公司通过绩效考核决定下属分公司的工资基金，而分公司通过考核决定不同车间或工段的工资基金，工段再决定班组的工资基金，最后，工人工资的考核与计算方式是由班组长决定的。这一方面使工作班组成为一个利益共同体；另一方面又赋予班组长以极大的管理权力。

实际上，从20世纪90年代到2013年，ZG公司的普通工人工资的变化并不大。最糟糕的时期是在90年代中期，企业效益不好的时候，两个月才发一次工资。一名铸钢分公司的普通维修工人CH说：

> 我刚上班的时候是1993年，正经历第一次国企改革。那时候，我每个月能挣700块钱；然后到了1995年，企业效益就不好了，那时候我每个月就挣五六百块钱；这个工资一直到2000年

① 也就是说，工人的岗位工资是固定的，由总公司发放，而绩效工资则从班组奖励工资中扣除。每名工人都根据其技术水平和岗位职责拥有各自的工资系数，班组长的系数由分公司制定；而工人的系数则由班组长制定，职工的绩效工资就等于其系数乘以该班组的平均绩效工资。

② 其中基础工资与考核工资总共占比70%，而技术闯关工资占比30%。在这种情况下，技术工资会被事先提取出来，剩下的就算作工人的平均工资，不同工人的实际工资等于其平均工资乘以个人系数；而个人系数则按照职责进行计算。

才变了，涨到七八百块钱；然后，这七八百块钱一直到2003年都没有什么变化。2005年，ZG公司开始改制，改制前半年把工资提到了2000多元，2006年加入中钢后，正值钢铁行业红火发展，供不应求，所以我们的工资那个时候最多，大家每个月能赚将近3000元，那时候真的不错！现在钢铁行业不好了，ZG公司虽没有拖欠我们工资，但工资也就一直是2000元多一点的。

ZG厂普通工人月工资变化状况如下图：

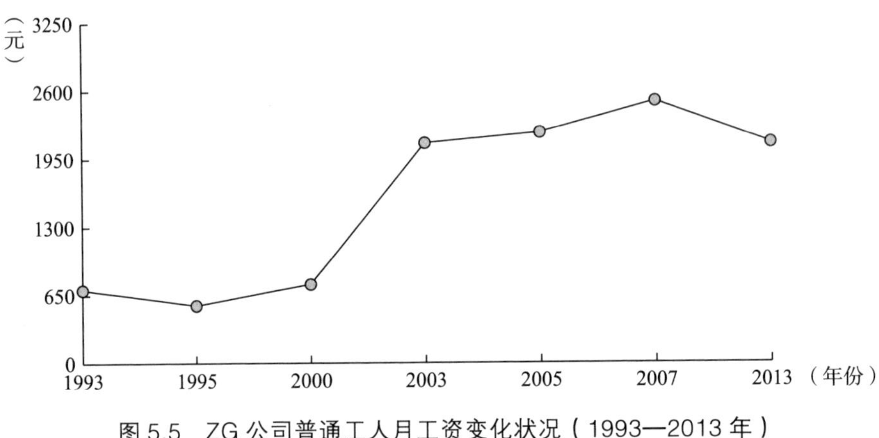

图5.5　ZG公司普通工人月工资变化状况（1993—2013年）

与此同时，普通工人与管理层的工资差距越来越大。ZG公司的工段长的月工资水平目前是5000元上下，而在ZG公司绩效好的时候甚至能够达到8000元。铸钢分公司生产部部长LIU告诉笔者：

2006年以后，领导工资就没下来过，中层领导的月工资基本都能达到5000元。但是，工人工资没有变，最辛苦的炉前工人，每个月也就2100元，班组长可能是2300元。工人的工资确实比较低。你看，新闻上也说央企领导和工人的工资最高能差100倍。炉前工人在工人里面应该是最高的，但我也一直有意见。工资这么低，会影响工人的劳动积极性。工人们有怨言、有意见，主要就是针对工资。他们跟我反映也只是发发牢骚，谁敢跟经理和厂长反映？现在那些领导不讲情面，制度很严，你不行就走，（工人）敢怒而不敢言。

在这种情况下，ZG公司的基层工人士气全无，并以抱怨、怠工、向上级投诉等方式对抗着技术支配，他们最期待的事情就是尽快内退。从1997年开始，ZG公司管理方要求，男性工人到了50岁、女性工人到了45岁以后，就必须进行内退。2012年，ZG公司在中钢集团的要求下，又进行了一次内退。但实际上，50岁以上的工人正值当干之年，他们积累起了丰富的技术经验，是生产中的中坚力量。当企业管理方看到这些工人离开ZG公司后很快进入其他竞争企业时，便立刻后悔起来。

与此同时，不少青年工人发展起了第二职业赚取外快。在访谈中，车工JS便告诉笔者，他的第二职业就是和几个兄弟一起搞运输、拉货，他们通过手机进行联系，依托网络平台进行经营。JS负责的是联系上下游出货和发货的需要，提及在ZG公司的工作，JS说："那对我来说就是休息！"

综上所述，ZG公司通过对ERP系统的使用，采取技术控制的方式削弱了老工人对劳动过程的控制权，并将与生产相关的权责悉数收归管理方手中。工人对此敢怒而不敢言，年龄较大的工人通过怠工等待内退，青年工人则积极从事第二职业。面对着愈加难以实现的任务指标与不予配合的本公司职工，ZG公司通过强化技术支配和引入劳务派遣工予以应对。

第三节　ZG公司中的劳务派遣工

在20世纪80年代，ZG公司施行承包责任制时，就曾使用临时工协助生产。2007年后，ZG公司延续了使用临时工协助生产的传统，引入了200名帮辅工，弥补各个分公司的劳动力缺口。是时，帮辅工直接和企业签订了两年期的用工合同，两年后无论该工人的工作状况如何，都会被解雇。2008年以后，ZG公司开始以劳务派遣的方式使用非正式工人①，“帮辅工”转而与劳务派遣公司签订合同，与ZG公司不再有任何雇佣关系。2014年，ZG公司的劳务派遣工大体维持在1000名左右的水平，具体数目会根据企业生产要求有所变动，占到ZG公司劳动力总数的17%—18%。这些派遣工在生产中承担了非常重要的角色，却面临同工不同酬，以及缺乏劳动保障的困境。

一　派遣工在企业中的作用

（一）派遣工的来源

ZG公司的派遣工大多是本地人，农业户籍和城市户籍的都有，但大多数派遣工是来自城市西边的山区。从身份上看，派遣工主要有以下几种来源：第一，退休工人。有些退休工人通过劳务派遣公司作为派遣工被返聘回企业从事生产劳动。第二，普通大专毕业生。ZG公司目前的劳动力主要是从其所在的X市几所职业技术学校招收的，但加工分公司的一名派遣工XY告诉笔者：

> 机电学校里有很多学生都在ZG公司就业，和领导有关系的那些就能当正式工，和领导没关系的，进去了就是派遣工，这不公平！

① 劳动派遣，即劳动力租赁，指的是由派遣机构与劳动者订立劳动合同并支付报酬，把劳动者派向其他用工单位，再由其向派遣机构支付一笔服务费用的用工方式。在这种用工方式下，“用人不雇人，雇人不用人”。劳务派遣业务在我国主要由三类机构开展：一是劳动和社会保障系统的事业单位进行的“劳务派遣”；二是人事行政管理系统的事业单位进行的“人才派遣”；三是其他部门及民营机构开展的劳务派遣业务（石美遐，2007：40）。ZG公司的劳务派遣主要是第三种类型。

第三，转业兵。第四，ZG公司人员子弟。如果是ZG公司领导的子弟，即便其学历是中专，也能成为正式工人，但是工人子弟——如果和领导说不上话，那么就只能成为派遣工。

问起这些派遣工的劳动关系具体在哪里，ZG公司的总调度ZZ说：

> 我们ZG公司下属的物业公司下面有一个叫作“ZC”的派遣公司。这个劳务派遣公司是私有的——公司以前的一个中层干部把这个企业买断了，就相当于这是他自己的了，所以帮辅工就相当于和ZC公司签订劳动合同。所有的劳动纠纷都去和ZC公司解决，“五险一金”也是ZC公司的事，我们就只是用人单位。我们的物业公司和ZC公司签订劳务派遣合同后，我们告诉他们需要多少人，然后按照人数、工种、时间长短把钱直接给ZC公司，他们的负责人再帮我们安排，给工人发工资。ZC公司会在每一个人身上抽钱，这也有一定的风险，就是要承担安全风险，出了事情以后，社会责任是ZC公司的，家属要是来找的话，也会找他们。

（二）派遣工较为集中的工种与岗位

《中华人民共和国劳动合同法》规定，劳务派遣工只能被安排在临时性、辅助性或者替代性的工作岗位上，但实际上，很多派遣工已经在ZG公司工作了十多年。ZZ表示，派遣工主要集中在技术含量比较低的非关键工种中，例如清洁工、天车工、起重工、工序钳工、库房管理工、炉前工、浇铸工等。其他岗位派遣工的数量虽然少，但也不是没有，实际上几乎每个机加工班组都有派遣工，这些工人从事的生产与正式工人基本没有差别：他们与正式工人一同被安排到“四班三倒”中，与正式工人共同操作同一个机床，双方是同事关系，吃饭就餐也在同一个食堂，很多派遣工也居住在X市，甚至和正式工人是同学。因此，很多老工人表示：

> 你们领导说这些工人不能涉及核心技术，但是他们的沟通能力和学习能力都挺强，他们就是我们的徒弟，我怎么就不能教他们技术了？

结果是，派遣工在ZG公司工作几年后，其技术水平与正式工人也不存在明显差别，但他们的身份、待遇与正式工人差异极大。

二 派遣工的收入与福利状况

（一）派遣工的工资收入

派遣工的工资并不是由ZG公司直接发放，而是由其派遣方进行发放。不同于正式员工的工资由基本工资和绩效工资以及各种奖励和津贴构成，派遣工的工资是按日计算、每月结算的固定工资。日工资最低的工种是清洁工，他们的日工资只有20元，月工资在600元左右。天车工的日工资为60元，月工资在1800元左右。炉前工的日工资是70元，月工资在2000元左右。少数高技术的工人日工资则有100元，月收入最多可达3000元。有少数正式工人认为派遣工的工资比他们还高，但是ZZ告诉笔者：

> 这要看怎么比了，帮辅工的工资确实高于正式工人中工资比较低的那些人。因为正式工人必须要考核，考核的话，工资就会参差不齐。我在五分厂的时候，有些正式工人一个月的工资能拿到10000元，但是最低的也就拿1000元。帮辅工的话，一个月可以赚2000元，肯定比拿1000元工资的正式工人要高，但是帮辅工永远拿不到10000元。

（二）派遣工的福利状况

派遣工与正式工人的最大差别不是工资，而是福利和保障。铸钢分公司的维修钳工班组长说：

> 你别看派遣工和正式工人的工资一样，都是2000元，但是这2000元的差距可大了！拿我自己为例，我交600元养老保险，ZG公司就要给我交1200元。知道吧？所以说我现在开3000元，实际ZG公司要付出4000—5000元吧。ZG公司就不用给他们（派遣工）交这部分钱。这样，一个人身上至少省了上千元，这个“五险二金”啊，养老保险、医疗保险、工伤保险、失业保险、大病保险，讲究可多了！其实还有职业年金、公积金，这些钱都不少呢，但派遣工都没有。

ZG公司的派遣工的来源不同于TY公司的外协工人，TY公司的外协工人大多是通过包工头与众老乡一道进入车间工作，他们既非本地人，也不是城市人，与正式工人在工作和生活上毫无交集，并且不会留在当地生活。但ZG公司的劳务派遣工不是如此，很多劳务派遣工原本就是ZG公司老工人的家属，大多数是X市的本地人，未来要在本地购房和生活，加之，劳务派遣工与正式工人在同样的工作岗位上共同工作，连吃饭都在一个食堂。除了身份上的区别，他们与正式工人毫无差别。这就意味着ZG公司的劳务派遣工对自己的身份定位与利益要求与TY公司的外协工人完全不同，他们对这种同工不同酬的状况非常不满意，加工分公司的派遣工XY说：

> 我们没有“五险一金”，劳务公司没有给我们上。你看，我也上了这么多年学，大家都做同样的工作，我和那个正式工人用同一台机床，他能干什么我就能干什么，凭什么他什么都有，工资也比我高？我们既没有保险，工资还低，工作也没有保障，连转正的机会都没有！

ZG公司的管理者曾说，其雇佣派遣工之后，每年避免了很多社会保险支出。然而，对于派遣工而言，这却使他们明显地感觉到身份地位低人一等，并为自身收入待遇的不平等而深感不满。

三　派遣工的管理方法

派遣工同样服从于ZG公司管理方的技术控制，铸钢车间的维修钳工班组长GS说：

派遣工的工作和我们正式工人一模一样，没有什么区别，就是签的工种性质不一样，就这点差别，其他地方都没差。

ZG公司的派遣工流动性非常高，这是因为这些工人认为自己的收入、待遇各方面相比正式工人太差，经常感觉受到歧视。XY告诉笔者：

谁不想有一个稳定的工作？很多劳务工在ZG公司干了四年多，以前说好了，干得不错就能转正，结果现在也转不了。你干得完全不比正式工人差，技术也不差，还挺卖力的，工资就是比人家低，福利也比人家差。我这一天才70元，做什么都不够！

派遣工的高流动率既没有使ZG公司高层增加转正名额，也没有使他们大幅提高派遣工的工资水平。结果，作为派遣工直接管理者的班组长只好在工作中客客气气地对待派遣工，以免他们随时甩手走人。GS说：

只要能干够四年，这些工人啊我们都不愿他们走，明白没？我现在都不敢训斥派遣工，一训斥，他们万一不来了怎么办？要是对待正式工人、骨干，有的时候还能喊他们两句，派遣工我都不愿意喊，也不能喊。

ZG公司对“劳务派遣”模式的运用在很大程度上提升了生产的灵活性。第一，劳动力使用灵活性的增加。派遣工仅与劳务派遣公司签订劳动合同，故而对ZG公司来说是一批招之即来、挥之即去的劳动力，管理方可以根据不同工种和部门对劳动力需要的多寡进行劳动力数量的灵活调配。第二，劳动力价格灵活性的提高。企业管理者与劳务派遣公司不仅可以根据经营状况对派遣工的月工资进行调节，而且不必为他们缴纳社会保险金，这使得劳动力价格能够根据环境的变化而灵活变动。除此以外，促使ZG公司大规模使用劳务派遣工还有另一层考虑：因为派遣工并不被计算到员工总数中，这使得ZG公司得以在大规模减少员工数量的情况下提升企业生产总值，进而提高劳动生产率（人均万元产值），以符合上级的绩效考核要求。

第四节　ZG公司的二元劳动体制

与TY公司类似，ZG公司践行的同样是二元劳动体制。尽管正式工人与派遣工并未处于明显分而治之的管理系统下，但其在工资、保障、福利上毫不相同。技术水平相对较高、从事工种相对重要的正式工人承担更大的生产责任，并处于后单位制的技术控制下；而派遣工因为没有福利保障，工资水平也较低，处于布洛维所述的市场专制体制下。

一　正式工人：后单位制下的技术控制

ZG公司的正式工人几乎都是本地市民，因为经历过三次大规模内退，目前40岁以上的员工连五分之一都不到，30岁到40岁之间的工人占了三分之一，剩下的都是2000年以后进入公司、年龄在20岁到

30 岁之间的年轻工人。但是，生产骨干仍旧以 40 岁以上的工人为主。

实际上，ZG 公司与 TY 公司情况相似，其老工人与管理方也存在历史积怨。在 20 世纪 90 年代的国企改革中，原 ZG 公司的管理层在与私营企业合作和市场经营中曾以购销造假、收受回扣、账外交易、挪用公款等方式侵占大量国有资产，并将自己的亲属、朋友安插到下属集体企业，从事权力寻租行为。在此过程中，大量腐败费用被计入成本，致使工人遭受巨大损失。1999 年以前，ZG 公司基层工人的月工资仅有 600 元，工资拖欠亦成了家常便饭。时至 2000 年，公司财务呆坏死账超过 4 亿元人民币，企业负债率超过 90%。尽管企业经济危机通过 ZG 公司在上海股票交易所挂牌上市得到解决，但其合法性危机仍在不断加剧。2001 年，ZG 公司的一场重大恶性钢炉爆炸事故导致 12 名炉前工人丧生，这激起了工人的愤怒。

2001 年以后，老工人开始与企业中的纪检干部一起开展护厂行动，他们通过上访的方式，检举企业高管侵吞国有资产的企图。老工人不仅向 X 市信访办和各职能部门检举管理层的腐败行径，而且通过写举报信、举牌喊冤等各种途径向 H 省纪检部门、ZG 公司上级职能机构、省政府进行状告。此外，他们积极联系媒体记者，在天涯社区等网络平台“发声”，以吸引公众关注。终于，在 ZG 公司职工的反对中，该企业管理层侵吞国有资产的企图破灭了。此后，老工人不再相信管理方，并与后者结下宿怨，在生产劳动中也呈现出不服从、怠工的状况。在这种情况下，管理方要求以去技术化的方式来减少工人对劳动过程的控制权，并使用技术控制的方式对劳动过程进行管理。

爱德华兹认为，技术控制并不仅仅等同于对机器和技术的使用，而是不同于等级控制的一种新型劳动控制方式，这种控制方式是通过分工、流水线和各种新技术手段完成的。值得一提的是，福特主义被看作技术控制的典型。在生产中，班组长等基层管理者不再直接对劳动进行控制和指导，他们是各种指令的执行者，是科技结构的指挥者，不再直接对生产进行指挥，而是负责处理各种不正常的突发状况。真正控制着生产速度与劳动纪律的是流水线、数控机床、电子计算机、摄像头等，而不是班组长等管理者。至此，劳动控制看上去是由非人化的“技术”完成的，而不是由各级管理者进行的（Edwards，1979：120）。如果说 TY 公司的劳动过程控制是“选择性放任的”，那么 ZG 公司的劳动过程控制方式则是技术控制。这种技术控制分为两个方面——成本监控和质量监控。

第一，成本监控。以往 ZG 公司的成本监控较为随意，大体是依靠人工估算，例如，以往购进 500 吨生铁，企业通过人工估算这些生铁能够产出多少吨钢材，以及花费多少成本，在这种情况下，成本估算较为随意，多点少点问题都不大。但现在 ZG 公司推行的全面成本管理方式是通过 ERP 系统对成本进行精确测算，并向各个班组甚至个人下达成本控制指标，炼钢结束后，电脑界面会显示各项要求，包括工艺、用时和成本是否超标。成本控制一旦超出控制范围，班组长和技术人员就需要负责向“成本办”提交文字说明。这种成本控制极为严格，首席技师 LU 告诉笔者：

> 总公司向我们下达了成本指标，通过成本指标设定 ERP 系统指令，我们分公司还会把成本指标向下分配，分配到下面的各个班组，再到个人身上，层层考核，直接涉及个人工资。如果成本指标完成不了，分公司的工资基金就拿不全了，我们有一个制度，按照超额比例扣除工资，例如你只能拿 80%。所以我们分公司天天看成本，每天都要报成本。我们现在加料都不敢多加，以前该浪费就浪费，现在一点也不敢了。我们有成本办，负责处理成本超额预警事宜。一旦出现成本预警，就必须在 24 小时内处理完毕。

在成本控制下，工人的劳动生产必须更加认真严谨，因为一旦出现废品或生产事故，成本必然无法达标。以铸钢分公司为例，因为该分公司的任务是生产轧辊毛坯，产品一旦作废，连下个工序都无法进入。这种生产事故将在一周一次的成本会上进行分析和通报，废品所导致的损失——能源成本、用工成本、材料成本都会直接从分公司的工资基金和班组工资基金中扣除。

之所以 ZG 公司要进行这么严格的成本控制，是因为其产品在很大程度上采取了低成本的市场竞争策略。一根销售价格为 6000 元的轧辊，ZG 公司能够赚取 1000 元的利润，所以企业将其成本设定在 5000 元以内，否则一定会亏损。LU 说：

> 没办法，成本调高一点就没市场了。你要是卖 7000 块钱，客户就不敢订货了，企业就得这么控制成本。

第二，质量监控。质量监控的严格程度完全不在成本监控之下。ZG 公司对产品进行了终身质量保障，产品一旦在使用中出现质量问题，就会以全过程倒追的方式分析质量问题源自何处，是使用方式不当？是运输过程导致？还是制造过程中产生了其他问题？一旦确定质量问题源自制造过程，那么就要对各个工序进行倒追考察，LU 说：

> 原来那些生产模式，随着机械化水平的提高，操作能力其实是下降的。所以现在我们实行全过程倒查。我们会对从生产组织一直到出厂的生产状况进行全部记录，轧辊一旦出现问题，会一个一个地查。而且必须得严格考核，谁冶炼、谁装的料都明明白白的，几点几分出炉的也全部在线。现在我们的系统逐渐庞大，我开玩笑说，电脑都要崩溃了，装不下了。

对于分公司来说，质量控制和成本控制是结合在一起的，一损俱损、一荣俱荣，但又相互矛盾，如果将成本控制得过低，质量一定会受到影响，而质量较好的产品，其成本必然会有所提升。LU先生说：

> 我们的成本控制有一点走极端，要我片面控制成本指标或质量指标可能吗？靠偷工减料把成本控制下来，就是为了不扣钱，但是可能后续存在更多的问题，这是一个相辅相成的关系。领导的意志都是好的，把成本控制住了，市场竞争力更大，公司前景可能更好，但是怎么控制？到了一定极限以后就用烂的代替好的了。

ZG公司加入中钢集团后，开始按照中钢集团的要求对全生产过程进行控制。以铸钢分公司为例，每天早晨七点，技术人员要和班组长开早会，分析前一天出现的技术问题，提醒本日的生产过程监控点；下午四点，开生产会，讨论分析目前存在的生产问题。如果一炉钢规定中午十二点出，在十二点零一分时电脑就开始报警，技术人间就要负责在生产会上分析清楚问题是怎么产生的。每周五还有周总结。结果是，基层管理者一周往往要开十几个会，天天说明超标情况，分析原因。

技术控制在很大程度上降低了工人与管理者讨价还价的能力。在新技术下，工人在生产中需要严格按照电脑设定的程序和要求进行，他们与管理者讨价还价的空间逐渐缩小。正式工人对两个问题表示不满意：第一，工资水平过低。例如，一名工人在网上发帖子说：

> ZG公司的工资低，而且考核很多，不要看那些几险几金，都是企业写上去的数字，而且辞职还要交违约金，企业人力资源不给档案，要克扣钱。要是节假日有奖金、有福利，那我可以代表全体工人感谢。要是专科生来这里工作，就是给办公室干活的，我们备受机器的响声折磨和火热的环境烘烤，痛苦得不得了，工资却只有2000多元。……请假要扣钱，过年也是不放假的。

结果，ZG 公司也面临工人流动性过高的麻烦，很多班组长都表示，自己目前面临的最大困难就是缺乏足够的人手干活。

第二，领导不关心工人，上下级之间隔阂很大。ZG 公司首席技师 LU 说：

> 前一段不是搞群众路线吗？工人抱怨得特别多，干部和工人的隔阂越来越大，群众路线提了很多问题，领导们都有点受不了了。因为会太多了，许多领导去现场的机会都没有了，基本都是听报告。还有，前几天中钢的巡视组到我们各个分公司。巡视组来了以后增加了反馈箱，有上网的、有举报的、有电话投诉的。确实见效，……我们企业老总级的孩子全都在外国上学。到英国上学一年要 30 万元，都这样。而对工人来说，生活能开支就不错了。但是对老总来说，把公司里的活儿拿到外面去干，自己在外头都有厂子，然后本来该企业赚的钱都赚到自己的腰包里了。这样的事很多。

在工人的生活愈发艰难的情况下，企业管理层的收入却越来越高，甚至很多高层管理者在外面私自经营工厂，将 ZG 公司的高利润产品拿到自己外面的工厂生产，这是最令工人不满的。

二 派遣工：专制体制与无保障的劳动

在专制型的劳动体制下，工人被剥夺了以其他方式获得生活所需资源的方式——国家并不向这些工人提供福利保障，他们自身能力也不足以使其从事第二职业，结果，他们要么工作，要么就饿肚子，这使得这些工人没有能力拒绝管理者的专制控制，尤其是在他们不具备工人集体性组织的情况下（Burawoy，1985）。从这个意义上看，派遣工正是处于专制的劳动体制下：他们大多没有城市户籍，来自 X 市周边的贫穷山区，缺乏人力资本和社会资本，他们的平均工资比正式工人低、没有社会保障与社会福利，亦缺乏其他谋生手段，成为一批招之即来、挥之即去的灵活劳动力。除了与正式工人一样处于技术控制下外，ZG公司对不同类型的派遣工还有不同的劳动控制方式。

第一，对待X市周边农村的派遣工：加薪诱惑与解雇威胁。ZG公司规定，如果派遣工每个月上够24天班，就能够拿到300元的全勤奖。虽然300元的全勤奖对于家境较好的城市工人算不上什么，但是对于出生于X市西部山区的派遣工来说却是很大的激励。不少派遣工为了获得这部分激励，即便身体有所不适也不愿意请病假。ZG公司规定，如果派遣工表现出色，还可以增加他们的日工资，这也成为促使他们努力工作的动力，但实际上，只有很少的工人能够获得日工资提升。

解雇威胁对于出身贫穷、社会资本较少的派遣工很有效。派遣工往往被安排在可替换性高的低技术工种上，加之他们并未与企业签订劳动合同，原本就是一批招之即来、挥之即去的灵活劳动力。总调度ZZ说：

> 我们缺什么就找什么，这半年、下半年、明年都找不同的工人，活儿少了就撵走呗。劳务公司会把他们派遣到别处，少的时候——上次他们清理了一回——解雇了不到300人。

而“能干就干，不能干就走！”是ZG公司领导经常对派遣工说的话，这将派遣工置于极为无力和被动的境地。一名来自西部山区的工人XD就透露出对解雇的担忧：

> 我家里没钱，父母年龄也大了，我只能靠这份工资（生活）。如果不在这里工作，我不知道还能去哪里。

解雇威胁对于大多数来自西部山区的贫困派遣工而言是很有效

的。这些工人如果失去了在ZG公司的工作，就失去了饭碗和居住的地方，在他们积攒一定的收入和掌握一门技术之前，宁可忍受目前的不公平待遇，也不希望被企业解雇。当笔者问及哪些派遣工是最容易管理的，GS就说：

> 我就喜欢苦大仇深的，你明白没？就是家里头困难、穷、有力气的，我喜欢这样的人，他能吃苦、能干活。以前我这儿总要被分人，七年前分来四个人，现在一个也没剩下。第一个父亲是卖钢丝绳的，家里有钱，来这儿晃晃就走了；另一个老丈人家有钱，也走了。所以说，我喜欢苦大仇深的。

除了GS口中“苦大仇深”的农村派遣工，部分城市工人成为派遣工也只是因为一时没有找到更好的机会，这部分工人一旦找到更好的工作就会离开ZG公司。ZZ说：

> 这帮人（派遣工）的市场也很好，你这里一天给我50元，别人给我60元或70元，我就马上走人。这批人对企业没有忠诚感，不稳定，技术也不好。最夸张的一次，异型公司招轻轧辊的派遣工，钱也不多，当时来了四个人，三天以后，走了五个——他们还带走了一个。为什么？我们公司这种待遇留不住人。

第二，对城市户籍的工人：转正的诱惑。分公司领导曾经向总公司提出，留下一些优秀的派遣工以弥补劳动力缺口的建议，ZZ告诉笔者：

> 我们有些派遣工还是非常不错的。有一个小伙在英语大赛、计算机大赛上都拿到了名次，我一查，他是派遣工。我想怎么也

得把这个人才留下，因为咱们很多本科生都赶不上他。我们现在有一些派遣工已经转正了，没办法，离不开人家。你再找人，来了也开不了这机床。所以我在职代会上就提出了：好的（派遣工）为什么不能转正？领导当时是怎么考虑的呢？派遣工干了两年以后，就要把他解雇——因为要交保险了。我说他们真是连资本家都不如！我们要把人留下，因为他们能干活儿嘛！

ZZ之所以在职代会上提出设立优秀派遣工的转正渠道，是因为不少派遣工曾因为转正问题找企业领导申诉，他说：

我为什么到职代会上去提这个，因为很多帮辅工找我，要求转正。咱们看着都想落泪——干活干得这么好，都挺聪明的，却不能转正。好多接班来的正式工人，干了这么多年，还是什么活儿都不会干，只能干些粗活儿，还总是发牢骚……这些帮辅工挺有本事，能力也很强，但就是不能给人家转正。国有企业就是因为这个身份问题所以搞不好——你把人分为三六九等。我找上面领导，领导又说："你作为公司基层管理者，没有做好工作。"意思就是说，基层管理者就应该把他们打压下去，让他们该走就得走。领导还说："就你们想送人情！"那是他们不直接搞生产，不了解情况！

近年来，ZG公司规定，如果派遣工在本公司工作满四年且表现良好，就能够申请转正。对于很多拥有本市户籍和ZG公司的老职工子弟而言都是颇具吸引力的。派遣工XY就因为抱有转正的期待而努力工作，他告诉笔者，为了转正，他从来不迟到早退，领导让他干什么，他就会毫无抵触地去做，并且从来都没有抱怨过工资低。到了2014年，XY与几名派遣工已经在ZG公司工作满四年，他们几个已经向领导提出转正的要求，但领导的态度令人不乐观。ZZ 告诉了笔者派遣工转正的内情：

> 我们这次（2013 年）转正了一部分（派遣工），转了几十个吧，象征性的。但是我看转的也都是些关系户。我们分公司转了七个，最好的那几个肯定得转，但是中不溜的就得凭关系了——人家如果刚好和老总是拐弯亲戚，那就好说了。没有关系的话，基本上没戏。

综上可见，在面对国企转型升级困境之时，ZG 公司同样采取了二元劳动体制，一方面，使用技术控制、精益生产模式推动本公司正式工人的生产；另一方面，引进较为灵活的派遣工，以补充劳动力的不足。但是，ZG 公司的二元劳动体制与 TY 公司的不同之处在于，管理方的目的不仅仅是降低用工成本，其还借机对正式工人与派遣工的社会身份、劳动尊严同时进行了打击，在企业内部制造出了一种更加深刻的不平等，以显示自身的特权地位。

第五节　小结

ZG 公司的故事给我们呈现出的是我国国企在转型升级中采用二元劳动体制的典型过程。20 世纪 90 年代，公司的核心部分通过在 A 股上市而摆脱了财务危机；21 世纪初期，管理方出现贪腐，致使职工权益受损，后者开始进行上访和护厂行动，劳资双方的信任关系亦完全破裂；2012 年以后，ZG 公司从地方国有企业转变成为中央直属企业的子公司，并感受到了极大的生产压力。此后，其开始推进技术改革，试图以去技术化的方式淘汰老工人，并使用劳务派遣工补充劳动力的不足，以提升公司的生产效率。总之，在一个动荡多变且前景不容乐观的市场形势下，在上级央企对企业劳动生产率等指标的严格考核下，以及在降低劳动力成本的需要下，ZG公司采取了对正式工人和劳务派遣工分而治之的二元劳动体制。其中，正式工人处于后单位制的技术控制下，劳务派遣工则处于专制体制和无保障的劳动下。与TY公司的不同之处是，ZG公司二元劳动体制的出现尽管也是为了降低劳动成本，但其除了要应对跨国劳动过程的弹性生产需要外，还有其上级——央企对提升劳动生产率的需要。

虽然ZG公司的二元劳动体制在短时间内帮助其回避了劳资冲突，并有助于其完成上级下达的任务指标，但是ZG公司转型升级的总体效果并不理想。与TY公司的管理方不同，ZG公司的高层并不想重建生产共同体，更无意在企业获得稳定发展后，全面提升工人的收益。ZG公司的高层管理者采用二元劳动体制的另一个目的是巩固其对劳动过程的控制权，以及使自身保有超越普通劳动者之上的特权地位。在实践中，ZG公司的高层管理者一方面使用派遣工替代原有的老工人，打压后者的社会地位；另一方面则将派遣工置于招之即来、挥之即去的不稳定处境中，最大程度地从其身上获取剩余劳动价值。这两类劳动者都处于不安全、不稳定的状态。最终，ZG公司没有利用二元劳动体制创造出窗口期来重建生产共同体、重塑内部团结，也没有在获得喘息机会后，着手打造技能过硬的工人队伍，而是在生产中制造出更多的不平等和二元对立。ZG公司虽然能应付上级下达的任务指标，勉强跟上了产业转型升级的步伐，但未能取得实质性的发展与突破。

第六章
DL 公司："精益—二元"劳动体制中的农民工劳动

本书前述的 TY 公司、ZG 公司所呈现出的是历史悠久，并经历过历次国企改革的冶金机械行业国有企业在转型升级过程中所使用的劳动体制。DL 公司的案例则呈现出了与之不同的特征。一方面，DL 公司处于化工行业，其产品制造与生产过程与 TY 公司、ZG 公司并不相同；另一方面，DL 公司是我国于世纪之交根据现代企业制度建立起的"新国企"代表。DL 公司自身虽然没有经历过计划经济时期，但依然存在与时俱进的转型升级需要。那么，DL 公司在持续性的转型升级进程中采取了怎样的劳动体制呢？其当下的发展状况又是怎样呢？这便是本章的主要研究内容。

第一节　DL 公司的建立与发展状况

因为 DL 公司历史较短，所以本节不会涉及改革开放前的状况，而是从其整体发展历程、技术发展历程、组织架构、销售额变化几个方面入手来介绍 DL 公司的基本状况。此外，DL 公司的股东结构在 2018 年后发生了重大变化，影响了企业的发展方向与内部团结。本章讨论的主要是 DL 公司 2013 年前后处于迅猛发展期的状况。

一　DL 公司的整体发展历程

DL 公司成立于 1997 年，坐落于京津冀经济圈的重要城市 T 市，是一家拥有自主知识产权及核心技术的国有股份制高科技企业，专注于新能源电池的技术研发、生产和销售。DL 公司不同于 TY 公司与 ZG 公司，因其成立时间较晚，并不存在国企老工人留存问题，也没有任何"历史包袱"。其职工都是在 1997 年之后、通过社会招聘方式获得的年轻力量。此外，DL 公司的组织设置、管理方式都依据现代企业管理制度进行了设定。可以说，DL 公司是"新国企"的典型代表。

DL 公司在 21 世纪的第一个十年之中，发展势头非常迅猛，其总资产达到了 64.2 亿元，拥有员工人数接近 1 万人。2000 年时，DL 公司成为美国某大型手机制造企业的供应商，为当时的全球畅销机型提供电池。2002 年，DL 公司通过某韩国手机公司的审核，获得了向其提供电池的资格。2004 年，DL 公司开始在美国开设分公司，旨在继续扩张其商业版图。2005 年，DL 公司开始批量生产动力电池，成为中国最早生产电动车电池的企业之一。2006 年，DL 公司成为美国某手机公司的合格供应商，随着某美国手机公司产品的热销，DL 公司的销售额亦大幅提升。2006 年后，智能手机在全球范围内的兴起、穿戴设备的发展与盛行、电动自行车的普及，以及电动汽车的开发下，市场对锂电池产生了强劲需求，DL 公司也得到了迅猛发展。自 2006 年至 2012 年间，DL 公司又先后成为全球多个知名手机、电脑企业的合格供应商。在此后的发展中，DL 公司在 Q 市、H 市、M 市建立了三大车用动力电池生产基地，总投资超过了 150 亿元人民币。在 21 世纪初期，DL 公司成为中国投资规模最大、技术水平最高的锂电生产企业，其产品种类众多，涵盖了各种类型的锂电池、储能设备，涉及交通运输、电子消费产品、电动工具、储能、航空航天等。与此同时，其产品销售网络也延伸到了世界各地，电池销量在2010年前后一度位列世界第五位、国内第二位。

二　DL公司技术发展历程

1999年，DL公司建立了18650能量型电池的国内自动化程度最高的生产线，2000年，DL公司出产了方形铝壳电池，这标志着DL公司开始抢占手机市场——而在此之前，日本、韩国占据着全球手机锂电池市场80%以上的份额。2001年，DL公司成为国内最早实现聚合物锂电池量产的企业之一，并且也凭借聚合物锂电池的量产优势，成功地实现与美国某手机公司的合作。2008年，在国内新能源汽车发展伊始，DL公司就赶在市场前列，率先与美国C公司合作，联合开发电动汽车电池。2012年，DL公司实现了高电压体系锂电池的量产。在2013年，DL公司建立起了行业内自动化程度最高的笔记本电脑电池生产线，以及行业内出货产量最大的聚合物锂电池自动生产线之一。可以说，在2013年的时候，DL公司十几年来已经赶超传统锂电池强国，目前已经达到了锂电池生产的国际领先技术水平。在新能源产业发展初期，DL公司拥有业内领先的技术水平，具有极为有利的发展机遇，获得了各类政策资源与市场资源，具备他人难以企及的竞争优势。

表6-1　DL公司技术发展路线

年度	DL公司技术发展
1999年	18650能量型电池实现量产
2000年	方形铝壳电池实现量产
2001年	聚合物锂电池实现量产
2004年	手机电池组装产线实现运行
2005年	磷酸铁锂动力电池实现量产
2007年	18650功率型电池实现量产
2008年	汽车用动力电池实现量产

续表

年度	DL 公司技术发展
2009 年	超级电容器实现量产
2010 年	光伏电池模组实现量产
2012 年	高电压体系锂电池实现量产

三　DL 公司的组织架构

因为 DL 公司的建立时间较晚，并不存在令诸多老国企深感困扰的"历史包袱"，所以其在建立初期便建构起了符合现代企业制度要求的组织生产架构。具体言之，DL 公司最为核心的部门——研发部、财务部、工程基建部是由总裁直接管理的。总裁之下，DL 公司设置了两位常务副总裁：其中一位常务副总裁对包括生产、市场、销售、人力等各项事务进行全面管理；另一位常务副总裁则主要负责管理和推动 DL 公司在 Q 市、H 市、M 市的动力电池基地建设。从生产上看，生产部门根据产品种类的差异而下设八个事业部，销售部也根据销售区域和所售产品不同而进行了划分。DL 公司的组织架构请参见图 6.1。

四　DL 公司的销售额变化

21 世纪的头一个十年，是 DL 公司迅猛发展的时期。DL 公司的销售额从 2003 年的 3 亿元人民币增长到 2013 年的 30 亿元人民币。十年的时间，其销售额增长了整整十倍。2011 年，DL 公司的销售额一举突破了 20 亿元人民币，2012 年以来，DL 公司的销售额增长出现了放缓的趋势。尤其值得注意的是，在 2008 年全球金融危机爆发之后，DL 公司的销售额仍然保持了高速增长态势——这与 TY 公司与 ZG 公司的遭遇是完全不同的。DL 公司在 21 世纪初期的发展不仅得益于其优秀的客户结构，而且也因为其生产技术、产品质量均在当时的国际市场中处于领先地位。

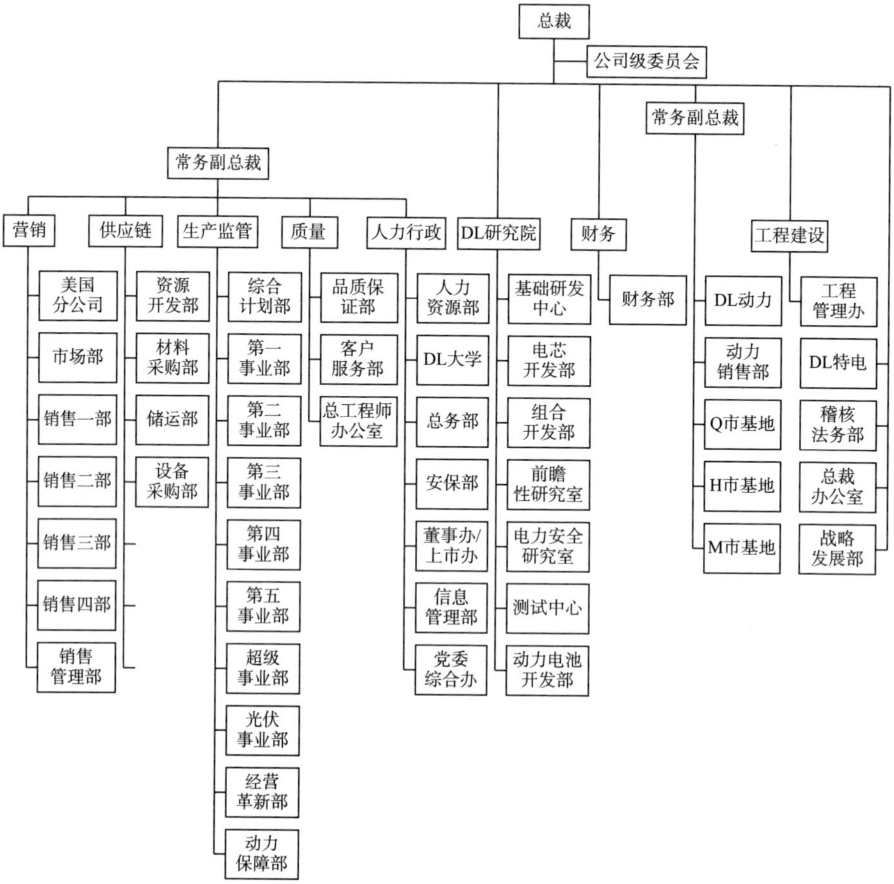

- 总裁
  - 公司级委员会
  - 常务副总裁
    - 营销
      - 美国分公司
      - 市场部
      - 销售一部
      - 销售二部
      - 销售三部
      - 销售四部
      - 销售管理部
    - 供应链
      - 资源开发部
      - 材料采购部
      - 储运部
      - 设备采购部
    - 生产监管
      - 综合计划部
      - 第一事业部
      - 第二事业部
      - 第三事业部
      - 第四事业部
      - 第五事业部
      - 超级事业部
      - 光伏事业部
      - 经营革新部
      - 动力保障部
    - 质量
      - 品质保证部
      - 客户服务部
      - 总工程师办公室
    - 人力行政
      - 人力资源部
      - DL大学
      - 总务部
      - 安保部
      - 董事办/上市办
      - 信息管理部
      - 党委综合办
  - DL研究院
    - 基础研发中心
    - 电芯开发部
    - 组合开发部
    - 前瞻性研究室
    - 电力安全研究室
    - 测试中心
    - 动力电池开发部
  - 财务
    - 财务部
  - 常务副总裁
    - DL动力
    - 动力销售部
    - Q市基地
    - H市基地
    - M市基地
  - 工程建设
    - 工程管理办
  - DL特电
  - 稽核法务部
  - 总裁办公室
  - 战略发展部

图 6.1　DL 公司组织架构

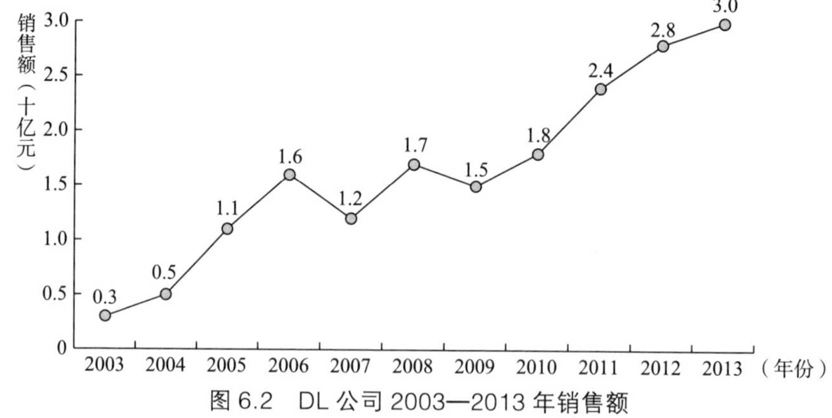

图 6.2　DL 公司 2003—2013 年销售额

数据来源：DL 公司 2013 年销售部门的统计。

总的来看，DL 公司的发展状况与本书前述的 TY 公司、ZG 公司完全不同。作为一家在世纪之交建成的、位于新产业中的"新国企"，DL 公司在面世之初就具备了得天独厚的竞争优势。从企业经营生产制度上看，DL 公司不需要像 TY 公司和 ZG 公司那样改革自身的组织经营结构——因为其在建立伊始，便按照现代企业制度的要求设计并建设出了自身的组织架构；从市场环境上看，DL 公司也不像 TY 公司和 ZG 公司那样，时刻面对因"原材料价格浮动"或"全球经济状况变化"带来的市场波动与市场风险——因为其所处的新能源产业是朝气蓬勃的"新产业"，其市场需求量至今仍然在大幅提升。可以说，虽然 DL 公司本身并没有经历过整体性的转型升级，但它是中国国有经济转型升级的产物，并体现了国企转型升级中的一些重要特征——尤其是对二元劳动体制的使用。接下来，笔者将对 DL 公司的生产过程进行介绍。

第二节 DL 公司的生产过程：精益生产下的"去技术化"

化工行业的生产组织方式与冶金机械行业完全不同。冶金机械产品的生产涉及的主要是产品物理形态的改变。与此相应，其生产过程主要是通过机床、铣床、钻床等机械设备的使用，转变生产资料的物理形态。比如，将粗钢转变成为能够用来制造不同形状钢材的轧辊，将特定的金属转变成能够安装在一起，继而挖掘隧道的盾构机。化工产品的生产所涉及的则是产品化学形态的改变，其生产过程主要是通过不同化学制品的合成与加工。进一步而言，其生产过程主要是通过各种生产流水线，将不同的化学制品进行提纯、合成与加工，以转变生产资料的化学形态。比如，人们通过不同类型电解质的注入与化合，而将锂离子的活性控制在合适的范围，适合各类产品对电池性能的要求。正因如此，DL 公司的生产过程与本书前述的 TY 公司、ZG 公司并不相同，其生产过程是完全依照“去技术化”的逻辑、以“精益生产”流水线的方式进行组织的。因为生产过程不同，DL 公司对二元劳动体制的运用方式与 TY 公司、ZG 公司也是不同的。接下来，笔者将根据锂电的生产方式，对 DL 公司的生产过程进行介绍。

一　生产过程概述

与任何化学产品一样，锂电池的生产也要从购入原料开始。DL 公司购进的各类锂铁磷酸盐、有机溶剂等原材料在检验合格后，便可以进入电芯生产环节了。一般而言，锂电池生产主要涵盖了搅拌、涂布、对辊、入壳、注液、化成、分选七个环节。其中，化成之前的几乎所有环节都是可以通过全自动的生产线完成，其对劳动者的需求很小，仅限于对生产线进行衔接。而在化成和分选环节，则需要大量的劳动力参与其中。

具体而言，锂电池制造的第一环节是搅拌。在这一环节，锂铁磷酸盐等原材料将根据配方加上各种绝缘材料、铁锂材料、胶质等由真空搅拌机打散、搅拌在一起，进而形成电池所需要的正极配料和负极配料。然后，这些材料经由“涂覆环节”被涂在铜纸和铝纸上，继而分别形成了电池的正极和负极。

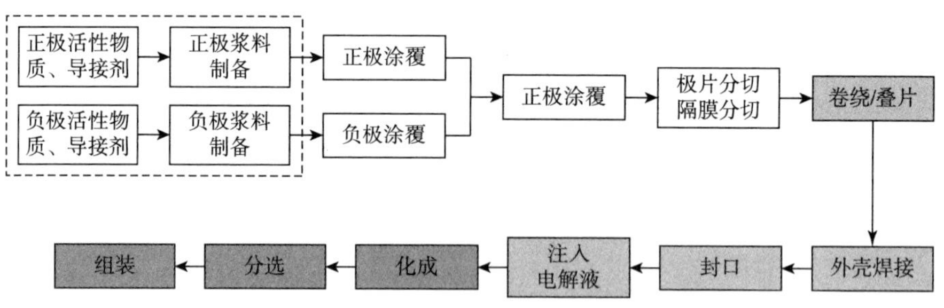

图 6.3　锂电池的生产流程

在接下来的对辊环节中，这些涂好材料的铜纸和铝纸会被碾压平整，并根据产品要求被裁剪成锂电池所需要的宽度。接下来，锂电池生产便进入了卷绕环节，即这些正负极材料会和绝缘材料一起由机器卷绕在特制的钢辊上。至此，锂电池的电芯便制造完成了。此后，这些卷有正负极材料的电芯会经由 X 光进行检测，不符合标准的电芯被分成 B 品和 C 品处理掉，而 A 品则会继续进入入壳环节。在入壳环节之前，工人的参与是很少的。管理方主要依靠电脑对机器运转进行控制。工人只是作为机器的辅助，协助各生产环节的衔接。比如，将电芯从锂电池对辊机上取下。而在入壳之后的环节，则需要大量的人工劳动加入。在入壳环节，有些体积较大的手机电芯是可以依托全自动生产线被装入电池壳之中。但是，体积较小的电池依然需要借助人手，才能将电芯装入电池外壳中。

待电芯被装入电池外壳后，锂电池生产便进入了注液环节，即将电解液注入电池壳中。注液是一个自动化程度极高的环节，可以完全依靠机器进行。但是，接下来的终封环节，却需要大量的劳动力把注好了电解液的电池放到生产线上。终封环节包括化成和分选两个工序。化成工序的目的是激活锂离子电池，这一工序需要大量工人对电池进行充放电，并监控电池的电容指标与使用性能。分选环节的目的是对电池质量进行控制。这一环节需要大量工人对电池质量进行检验，并将 B 品和 C 品挑选出来。最后，符合订货商要求的电池就可以进入出货环节。

总的来看，锂电池生产是一个高度自动化的过程，劳动者仅作为机器的辅助出现在生产过程之中。他们不需要像 TY 公司和 ZG 公司中的工人那样操作机床，而只需要监控各个机器的显示器，或者协助全自动产线把产品从一个机器转移到另一个机器上。

二　DL 厂的精益生产与劳动的“去技术化”

与 TY 公司、ZG 公司类似，DL 公司同样位于产业链的中端位置，其是国际知名手机生产企业的重要供货商。与此同时，DL公司与众多国内电子产品的生产厂商也保持了长期合作关系。2013年，全球手机出货量排名前五位的厂商均有使用DL公司的锂电池产品。当然，所有电子产品生产商都同时拥有多个供货商。实际上，日本的P集团、韩国的S集团，乃至国内2011年国内崛起的N公司都是DL公司的竞争对手。与此同时，随着新能源企业的技术差距逐渐缩小，各大企业的核心发展战略不再是“技术领先”，而是如何提升产品质量、生产速度，并降低生产成本。在这种情况下，DL公司便采取精益生产的流水线对劳动过程进行组织，其产线工人的劳动是完全“去技术化”的。

（一）精益生产的目标与技术安排

锂电池生产过程的重点是，通过降低人为操作所导致的偏差对产品质量的影响，以提高产品标准化程度和“精确性”。这意味着，DL公司的生产流程需要在最大程度上实现“自动化”。这同时意味着，管理方要以“去技术化”为原则，尽可能地降低工人对劳动过程影响和干预。

“精益生产”源自丰田汽车的生产实践，而美国麻省理工学院的学者在研究汽车工业发展问题时，总结了其运作方式和基本特征。“精益生产”中的“精”是指不投入多余的生产要素，其目的是在适当的时间生产市场要求的产品；而“益”指的则是所有经营活动都应该是“有效”的。“精益生产”的优势是不仅能够避免传统的“单件生产”中出现的高成本问题，而且能够避免传统“大规模生产”中的组织僵化问题。其核心追求是不断降低废品率、生产成本，实现无库存，并且能够随时、快速地生产各种类型的产品，以满足客户的多元需要（沃麦克等，1999）。为了达到上述追求，丰田汽车公司使用了那些“通用性”较强、自动化程度高的机器进行生产，并且采用了质量圈、JIT等生产管理方式。与此类似，DL公司的生产也是按照“精益生产"模式进行组织的，其所遵循的原则同样是零库存、低成本、弹性和零缺陷。为了达到"精益"目标，管理方采取了如下管理制度和生产技术。

1. ERP 系统的使用

与 ZG 公司类似，DL 公司的生产组织安排在很大程度上也依赖于 ERP 系统[①]。ERP 系统对原材料库存、不同程序应该领取多少生产资料、投放多少生产资料、目前产出状况、已花费成本、废品率等问题进行 24 小时无间断监控。不同层次的管理者与不同部门具有对 ERP 系统进行监测和操作的不同权限，比如，采购部门只能对采购方面的内容进行填写、销售部门只能看出货价格等、生产部门能够通过系统对生产进度、材料库存等状况进行查询。

2. 生产线的持续更新

为了紧跟不断变动的市场需求和产能需求，DL 公司每年大概会把总利润的 10% 投入生产线的更新之中去。DL 公司生产线更新主要分为两个方面：一方面是对特定产品生产线进行更新换代，即通过更换零件、设备、工具等对生产线进行升级改造；另一方面则是购置新的生产线来生产新产品。例如，21 世纪初期，锂电池的主流市场是 IT 产品，DL 公司的主流生产线也是以生产手机、电脑电池为主，随着电动汽车、光伏发电等产业的兴起，DL 公司则花费高额资金添置并改进汽车电池生产线，以紧跟不断变化的市场需求。

3. 生产过程的"精益化"改造

DL 公司极为重视对生产过程进行精益化的改进。这种改进主要从以下几个方面进行。

第一，DL 公司成立了独立的"精益生产部"。该部门不仅负责对下属事业部的生产精益化工作进行指导和考核，而且承担了部分的车

① 在本书调研期间，DL 公司使用的是金蝶 ERP 系统。

间的精益改善工作。比如，从各个车间中总结工作改善方法，并在全公司进行宣传和推广。

第二，为了提高劳动效率，生产部会派管理人员用秒表记录各个生产工序所耗费的时间，以及计算流水线效率，并检查哪个环节出现了工时浪费问题。发现问题后，车间主任便会安排人员通过改善工装、夹具、调整物品摆放等方式，提升产线运行速度、减少生产损耗、提升产品质量和降低一切可能的生产成本。因为DL公司下属各个事业部实行独立的绩效与工资核算，为了提升事业部自身的工资基金收入，事业部负责人都具有很大的动力对生产过程进行改进。

第三，每个车间配备6—7名统计员，这些车间统计员的级别和工资与普通操作工差异不大，他们负责向ERP系统输入生产进程，使得生产部人员能够随时追查生产进度。

第四，基层生产班组还采取了5S管理方法——整理、整顿、清扫、清洁、素养，这也是精益生产所推崇的现场管理法。DL公司的5S管理由线长负责，通常在每天开线和闭线的时候进行，而总公司精益生产部负责对此进行考核。

4. 全面质量监控

DL公司管理方以两种方法来推进其全面质量监控方法的实现：第一，每个事业部都配有7—8名质量监控人员，他们负责对各个工序进行抽查，以便及时发现不良产品；第二，每个电芯都具有可追查性——每个电芯上都加印了二维码，管理方可以借此追查到生产它的班组。一旦该电芯没有通过检测，其生产者就要承担相应责任——该班组和事业部的奖励基金就会遭到扣罚。

5. 全面成本监控

DL公司的全面成本监控是通过两种方式推进的，其一是进行生产线的改造与升级；其二则是通过成本预算工作进行。例如，在特定产品进行生产程序之前，研发部需要负责对产品的成本进行预算和测控。具体而言，采购部需要报备原材料的价格，车间需要报备大概的劳动数量、人工成本和产品不良率，销售部需要上报产品价格等。等到研发部获得上述信息后，将对所有报告清单进行统一计算，以确定水电、工时、人力、材料等方面的总体成本。之后，这些成本会被分派给不同部门完成，并由部门负责人输入 ERP 系统，成为"成本监控"的依据。

在上述精益生产制度的推行下，DL 公司车间中的每一位工人都默不作声地工作着，通道上不会出现任何闲散人员，各种生产资料则顺着工序流程默默前进。这些身着工装的工人既不能停下手中的工作吃零食，也不能随意上厕所，他们的工作状态与 TY 公司、ZG 公司中的老工人完全不同。

（二）产线工人的"去技术化"

如前文所述，生产化工制品与生产冶金机械产品不同，前者并不需要技术工人来操作各类机床，而需要大量"非技术工人"作为机器的辅助，以保证自动化的流水线能够顺畅进行。布雷弗曼曾以"概念与执行分离"和"去技术化"来分析管理方对非技术工人劳动力的使用逻辑。具体而言，布雷弗曼认为，为了最大限度地降低工人"主观操作"给"标准化生产"带来的不良影响，管理者会尽可能地降低工人在生产过程中所做出的决定，并将一切脑力工作都从车间转移出去，集中到管理部门（布雷弗曼，1979：123）：

> 在工人开始实际工作之前摹想每一个工人的各种活动，规定每一种职务的职责范围和完成任务的方式及其所需时间，自始至终控制和检查正在进行中的过程，估定劳动过程每一阶段完成时的成果——生产的所有这些方面都从车间转移到了管理部门的办公室。

与此类似，DL 公司锂电池生产入壳环节之前的所有生产内容都可以通过全自动的方式进行。例如，在搅拌环节中，研发部已经根据客户需要，量身定制了不同材料的配比。加料和搅拌本身都是由管理方设定好，再由机器进行执行的，工人只需要对机器运行状况进行监视；在涂覆工序，搅拌好的正负极材料同样会由机器均匀地涂到铜纸和铝纸上，工人需要做的仅是摁下开关按钮，帮助其加上铜纸和铝纸；而在对辊环节中，工人也仅需要对机器进行简单的设定。后续的所有操作，全都可以由机器自动完成；在卷绕环节，工人仅负责在机器完成卷绕后，把正负极材料剪断。而在之后需要大量劳动力的入壳环节，工人所要做的也仅是将电芯装入电池壳中。到了终封工序，工人把电池依次放到生产线上就可以了。而在化成工序，工人也只需要进行放上、拿下等一系列简单操作并做好记录。最后，在分选工序，工人会通过仪器对电池进行检查，看其是否符合质量标准，并将不符合标准的电池拣出。

总之，DL 公司生产过程中的各项操作都仅仅要求工人具备耐心并足够细心，而不要求工人有任何的“技艺”，更不需要他们开动脑筋进行规划和思考。与产线工人劳动的“去技术化”相对应的是，工人在生产过程中所承担的责任与权力不断降低，而管理方的责任和权力则持续增加。

（三）办公室白领工人的“去技术化”

作为一家 1997 年才建立的新型国企，DL 公司的劳动力群体的分化状况与 TY 公司、ZG 公司不同。虽然 DL 公司也根据劳动用工方式对其劳动者群体进行了区分，但其并不存在“老工人”的留存。DL 公司的劳动力群体分成了两部分：与公司签订了长期、正式劳动合同的办公室白领工人，以及仅与公司签订短期、非正式劳动合同的产线工人。

DL 公司的办公室工作人员一般负责处理诸如采购、销售、会计、人力等与资本流通过程相关的文书工作，是布雷弗曼所述的白领工人。实际上，大多数白领的工作是枯燥无趣的，DL 公司白领工人的工资水平一般在 3000—5000 元，大多数人每月可支配收入仅有 4000 元左右。随着 ERP 等办公自动化系统的采用，DL 公司的办公室工作人员的劳动也呈现出“去技术化”的特征。比如，会计人员需要在 ERP 系统设定的时间节点上，向系统提交与该部分经营状况相关的财务报表；采购人员也会使用 ERP 系统对采购流程进行逐步跟进；等等。

但是，与产线工人不同的是，DL 公司的白领工人处于与“单位制”较为类似的制度环境下。首先，从劳动关系上看，DL 公司的白领工人是拥有 J 市户籍的居民，他们都与公司签订了较为长期的正式合同——不能被企业随意解雇，拥有“五险一金”以及优厚的公司福利；其次，从生产参与上看，这些白领工人享有较为完整的“工业公民权”，他们能够参与到 DL 公司的政治生活中去，比如，在职代会召开之时，选举本部门的职工代表；他们还能参与到公司的社会生活中去，比如，与其他部门同事建立起各种非正式的社会关系网络。据此，这些白领工人能够利用职代会、社会关系、市民文化等正式或非正式的制度资源，参与到各类车间政治中，最大程度地保护和追求自身的利益。

当然，DL 公司白领工人对自身利益的追求并不一定有利于企业的发展。首先，白领工人并不是铁板一块，很多人仅想获取权益，而不愿意承担责任。比如，一旦 DL 公司产品的不良率提高，公司不同部门就要分析是哪个环节、哪个部门应该为此承担责任。但是，事业部的各个生产部门的办公室人员往往不愿意承担责任——因为这会造成自身绩效奖金被扣减。据此，他们总会把责任推到其他部门身上，要么说研发部提供的配方有问题，要么说质量部对劳动过程的监控出现了纰漏和不足。当然，其他部门也不会就此接受批评，而是再把与不良率相关的责任推到生产部门的特定办公室人员身上。白领工人的相互推诿，在很大程度上影响了公司产品质量和生产效率的提升。此外，据笔者所知，DL 公司还有不少办公室人员借自身职务之便，或者在采购行为中拿取回扣，或者“以次充好”地把质量不够好的产品销售出去。在“八项规定”实施以及中央巡视组进驻 DL 公司视察之前，这种轻微的腐败活动在 DL 公司内部普遍存在。

可见，虽然 DL 公司办公室白领工人与产线工人同样处于“去技术化”的生产过程中，但两者处于完全不同的劳动体制下。办公室白领工人处于“后单位制”的劳动体制下，拥有较为完整的社会保障与公司福利，并将大量时间投入在办公室政治和各类轻微的腐败活动中，以最大可能地保护和提升自身的各项利益。这与产线工人的劳动体验，及其所处的劳动体制是完全不同的。

综上所述，作为一家新能源化工企业，DL 公司的生产过程所具有的特征与处于冶金机械行业的 TY 公司、ZG 公司并不相同，前者的产品生产核心是化学合成，而非物理切割。因此，DL 公司需要的并非 TY 公司那样富有责任心，且能够对各类机床进行独立操作的技术工人，而是服从“去技术化”逻辑，能够以“人手”来协助机器运转的非技术工人。在这种情况下，DL 公司转型升级的核心方法是对产线进行精益化改造，提升管理部门的责权，降低劳动者的作用。但是，与 TY 公司、ZG 公司类似的是，DL 公司在转型升级期间，也采用了二元劳动体制——其产线工人与办公室中的白领工人处于完全不同的劳动体制中。笔者在上文已经基本呈现了办公室白领工人的劳动状况，接下来，本书将对 DL 公司产线工人的劳动与生活状况进行分析。

第三节 “精益—刻薄”体制下的农民工劳动

人们往往认为国有企业不会像外资或私营企业那样使用农民工劳动力进行生产，并认为在国企工作比在外资企业、私营企业工作更稳定。但 DL 公司的案例告诉我们，实际情况可能并非如此。与外资企业、私营企业的情况相似，DL 公司的产线工人也是来自周边省份的年轻农民工。他们的劳动生活状况与外资企业、私营企业中的农民工非常相似，并面临着劳动强度大、工作时间长、工资水平低、异化体验强等问题。可以说，他们与 DL 公司的办公室白领工人处于完全不同的劳动体制下。

一　DL 公司劳动力基本状况

DL 公司有超过 1 万名员工，其中产线工人有 8500 人左右。这些工人的年龄几乎都在 20 岁左右，主要是来自河北、山东、河南等省份的农民工。他们的教育程度以大专为主，很多人毕业于上述省市的职业技术学校。在 DL 公司的劳动力队伍中，除了工作较为轻松的仓库保管员等职位外，几乎没有一名拥有 T 市户籍的工人。

从技术水平与工资薪酬上看，DL 公司的产线工人并没有进行技术等级划分，其工资水平也基本相同。他们的工资由基础工资和加班工资两部分组成，基础工资为每月 1600 元——该水平基本就是 T 市的最低工资，即每小时支付 8.16 元；加班工资为每月 1600 元左右，即每小时大约支付 14 元。据此，一名普通工人的月工资一般在 3000 元到 3200 元之间。DL 公司产线工人的福利保障状况与正式员工并不同，只包括由公司统一为其购买的三险——养老保险、医疗保险和失业保险，而非"五险一金"。

DL 厂采取的是"三班两倒"的工作方式，即每班工作 12 小时，每两个小时可以申请去一次厕所。其中，上午的工作时间是 8 点到 12 点，12 点到 13 点之间有一个小时的休息时间，下午的工作时间则由 13 点到 17 点，17 点到 18 点之间有一个小时的晚饭时间。除此之外，工人还需要加班。每天的 18 点到 20 点和周六整天都为加班时间，如果遇到了出货期，工人有时周日也要加班。由此可见，产线工人的劳动强度是很高的。

从雇佣关系上看，DL 公司与产线工人签订了为期一年的劳动合同。如果工人在DL公司工作五年到六年，则有可能升职为线长。然而，因为工作枯燥、工时较长、工作强度大，还需要上夜班，DL公司产线工人的流动率极高，大多数人工作数月就会离职。所以，真正升为线长的工人并不多。

在问到为什么T市本地市民不愿意来DL公司做工人？管理者FS说道：

> 产线工人一般都是外地来的年轻人，本地人不可能来做这种工作的。你想想，一天工作12小时，吃住都在厂里，完全没有个人的时间，你想谈个恋爱都没时间。本地人都有家庭的，还要买房子、结婚、生小孩，周末要去看看父母或者和朋友聚个会。要是在DL做产线工人，基本上不可能有这样的生活。

由此可见，DL公司的产线工人主要由毕业于职业技术学校、持有外地农业户口的年轻农民工构成，他们在T市仅是过客。虽然这些产线工人仅仅是机器的辅助，但他们工作时间长、劳动强度大、福利待遇差、流动率也高，其处境和珠三角地区的电子厂流水线上的农民工是极其相似的。

二　产线工人的劳动体验

在“精益生产”的生产过程中，DL公司产线工人的劳动体验与TY公司、ZG公司基层工人完全不同。TY公司、ZG公司基层工人的负面劳动体验主要是生产场所中灰尘弥漫、噪音极大。当然，他们也对于不能平等地参与到公司的政治决策中，以及并没有得到管理方的尊重而感到不满。然而，对于DL公司中不拥有“工业公民权”的产线工人而言，他们的劳动体验既不是过于糟糕的工作环境，也不是过于低下的社会地位，而是身体的疲劳与自我的异化。

在DL公司一尘不染并安装了空调的生产场所之中，基层工人的感受是"疲劳"。在笔者问及"工作是否辛苦"时，工人XJ说：

累啊！我们经常要倒班。如果不算星期六，我们每天晚上都要加班，如果不是特殊情况，每天晚上都要加班一两个小时。我们每天需要完成一个生产指标，八个小时根本做不完。在平时，我们一个半小时到两个小时就可以休息几分钟，大家就都去休息。有的时候确实累了就让组长顶一下，我们去一下厕所，洗一把脸，休息一下，玩一会手机，休息几分钟再出来继续工作。我们真的想尽一切办法去休息，但休息太久也不行，因为大家都在等着你，而且组长他也有要干的事情，我们整天跑出去也不好意思。

DL产线工作对技术的要求非常低，新工人培训半天就能投入生产。对于工人而言，这种去技术化的工作太无聊了。例如，工人XJ说：

一直这个样子也太无聊了，主要就是无聊！工作的时候，什么都不用你去想，有的时候上晚班，我做着做着都差点睡着。

在这种异化感下，DL公司工人的离职率很高。当笔者问DL公司里面有没有"老师傅"的时候，工人XJ说：

基本上没有，最大的也就是三十多岁，是班组长那些。生产线上的工人都是比较年轻的，基本上都是二十岁左右，做几天就走掉了，都是这种模式。当时我们学校三十多个人进去，做满两个月的大概有二十个人吧，现在快一年了，留下来的只有五个了。因为你不可能三四十岁还每天这样子加班，那样子受不了的！你哪有那么多时间上班啊？而且在那里工作，只能在工厂附近活动，远一点都走不了。我们每天就是宿舍啊，饭堂边啊，跟人家玩一下电脑，聊一下天，剩下的时间就是睡觉。

总的来看，DL 公司产线工人的劳动体验是疲劳、无聊与异化。有趣的是，DL 公司的产线工人完全没有像 TY 公司的老工人那样，将自己和办公室白领工人进行比较，要求与他们类似的待遇，也从未要求参与到与自身利益相关的决策过程中去。当然，这些产线工人本身也不愿意在 DL 公司工作下去，他们仅仅将此作为"临时性"工作，只要有机会，他们就会离开。

三　以农民工劳动为主的"精益—刻薄"体制

学者指出，"精益—刻薄"劳动体制并不等同于"精益生产"。"精益生产"的关键在于向核心劳动力承诺就业安全和较高的工资福利，以换取工人在生产中的责任心和投入感，"精益—刻薄"体制指的是一种以高离职率、低工资水平为特征的劳动体制。"它们采纳了日本式精益生产的削减成本的措施，却并没有采用日本企业的有关就业政策。"（希尔弗，2012：85）具体而言，这种劳动体制有如下特征：

第一，生产过程的去技术化。正如上文所述，在精益生产模式下，工人并不需要掌握特别技能，而只需要掌握简单动作即可，他们基本只是流水线、机器的辅助。

第二，劳动关系具有不稳定性。用工企业与工人签订短期合同，工人的更换率和离职率都非常高，不堪重负的劳动力会自动离职，这样能够保证整体劳动力队伍保持在一个较高的劳动生产率上。

第三，劳动力社会再生产缺乏保障。工人生产压力极大，而用工企业仅向工人提供最低限度的社会福利和保障，工人的劳动力再生产所需的资源和时间无法得到保障。

"精益—刻薄"劳动体制与企业对"农民工生产体制"的运用是联

系在一起的，后者是前者得以存在的必要条件。学者将以工厂专制主义和拆分型劳动力再生产制度相结合、以推动生产发展的结构性措施称为农民工生产体制，并指出农民工生产体制是"世界工厂"模式背后的基础支柱。①"拆分型劳动力再生产制度"指的是劳动力的使用与劳动力再生产在社会和空间的意义上被割裂与拆分开来。工人是一种职业身份，意味着农民工所从事的是工业生产工作，但农民也意味着一种制度性身份，意味着他们仅是城市中的临时劳动力，在户籍制度、高考招生等政策下，诸如赡养父母、养育子嗣以及相关的教育、医疗、住宅等安排，都交由他们在乡村地区的老家去完成，城镇和工厂只负担这些农民工个人劳动的日常"维持"的成本，而不负担这些劳动力长期再生产的需要，农民工只是被临时"安置"在工厂中，他们无法在城市中长久生活下去。正是在"农民工生产体制"的维持下，年轻的临时劳动力源源不断地流入 DL 公司，不断填充着自动产线上的空缺。至于 T 市市民——他们宁可赋闲在家、领取低保，也不愿意委身于流水线。

可见，DL 公司短期雇佣的产线工人处于与正式工人——办公室白领工人完全不同的世界中。虽然他们都在干净的空调房中工作，但产线工人在公司中不具备"工业公民权"，也无意于参与到与自身利益有关的组织决策中，而且不得不服从自动产线的专制控制，从事着长时间、高强度、低工资的异化劳动。

第四节　小结

中国国有企业类型众多，其生产过程与劳动控制方式也呈现出了不同的特征。本书除了关注身处冶金机械行业、历史深厚的"老国

① 清华大学社会学系课题组:《困境与行动：新生代农民工与农民工生产体制的碰撞》，2011 年，https：//www.cydf.org.cn/index.php?m=content&c=index&a=show&catid=281&id=656。

企”外，也关注身处新兴产业、根据最新生产理念在世纪之交才发展起来的“新国企”。DL 公司便是“新国企”的典型代表，其成立于 1997 年，其按照当时最先进国有资本投融资理念确立了八大股东，装配了当时全球最先进的锂电池自动产线，并与彼时全世界最为前沿的 IT 企业进行深度合作，继而成为中国最领先的新能源生产厂商之一。此外，DL 公司还在持续改革升级的理念下，每年拿出利润的 10% 投入产线改造中去，以不断提升产线的自动化水平。到了 2015 年，DL 公司已经拥有了无人产线和“黑灯车间”。

在这个过程中，我们不能忽略生产成本的降低，尤其是劳动成本的降低在企业持续转型升级中所起到的重要作用。对于前文所述的 TY 公司、ZG 公司而言，其劳动群体的划分是在基层的生产工人内部进行的，即生产工人被分为与企业存在长期聘用合同、占用企业职工编制并享有“五险一金”的正式工人，以及仅与企业签订短期用工合同、不占企业职工编制且不享有“五险一金”的非正式工人。但在 DL 公司，其劳动群体的划分是在从事办公室工作的白领工人与从事产线劳动的农民工之间进行的。双方工资水平都很低，并同样进行着“去技术化”的劳动，但处于不同的劳动体制中。DL 公司办公室的白领工人是企业正规员工，处于“后单位制”的劳动体制中，他们拥有完整的“工业公民权”，愿意通过参与基层民主活动、职代会、构建社会关系网络等方式，来维护甚至推动自身利益的提升。而产线工人则处于“精益—刻薄”的劳动体制中，他们不具有 DL 公司的“工业公民权”，不能参与到与其自身利益以及生产状况相关的任何讨论和决策中去。基于此，DL 公司在企业转型升级的过程中，一直使用着“精益—二元”劳动体制，以降低生产成本。

最后，笔者希望指出的是，国有企业能够通过运用“二元劳动体制”降低其劳动用工成本，但其转型升级能够获得成功在很大程度上更依赖于国企“生产共同体”的重建与质量，即国有企业能够在历史废墟上重建一个团结、具有创新发展能力和战略眼光的"生产共同体"。"二元劳动体制"虽然能为"生产共同体"的重建与发展争取时机，但这个时机能往往没有被有效把握住。比如，TY 公司与 ZG 公司都属于冶金机械行业，都在转型升级困境中采用了"二元劳动体制"，但二者的转型升级结果却完全不同：TY 公司利用发展机遇期重建了一个蓬勃向上的"生产共同体"，继而获得了新的突破；ZG 公司的高管过于独断专权而忽略了其他劳动者的作用，其"生产共同体"持续分裂，公司便衰落了下去。

而 2018 年以后，DL 公司的情况更糟，其"生产共同体"在国企转型升级过程中几近瓦解。具体而言，2018 年后，DL 公司经历了股东结构的重大调整，并转变了其国际化、市场化的产品发展战略。一方面，其大股东转变成对产业状况并不熟悉的物流领域投资公司；另一方面，其合作伙伴不再是电子产品生产企业，而成为国内各类军工生产企业和基础设施建设企业。与此相伴的是 DL 公司生产经营方式的转型。DL 公司高层管理者为了提升营利速度，不仅采取多种经营方式，接连投资了 16 家企业，而且新增了建筑工程设计、危险废品经营、房屋租赁等业务。在这个过程中，DL 公司管理层出现了严重纷争，元老派不满该转型路线而纷纷辞职，办公室白领工人的工资止步不前，其"生产共同体"几近瓦解。结果，DL 公司不仅丧失了自己的拳头产品，而且在开发新产品上遭遇了困难，其市场地位迅速下滑。

据此，"国企改革与产业转型升级"不应被僵化地理解，它可能只是特定行动者谋求自身利益的借口与说辞。国企有可能在改革和转型中达到"升级"的效果——比如，TY 公司这种老国企终于据此走出了 20 世纪末"多种经营""缺乏拳头产品"所引致的衰退与阴霾；国企也有可能在改革和转型中达到"倒退"的结果——比如，DL 这家"新国企"就是在"国资国企改革"的幌子下，退回到了 TY 公司曾经面临的困境中去了。

第七章
CS公司：数字智能产线与二元劳动体制的转变

二元劳动体制是中国经济迅猛发展与国企转型升级过程中的阶段性现象。随着国有企业经营水平的改善、转型升级的阶段性目标实现，企业内部的二元劳动体制有机会得到一定程度的转变。CS公司的案例显示出，当国有工业企业采取更为先进的数字系统进行生产管理、以降低生产成本后，企业对劳动力的需求也随之发生转变——从比较繁重的体力劳动转变为强调责任心和判断力的脑力劳动。与此同时，国有企业仍然会根据自身需要使用一定派遣工人进行辅助劳动。但随着转型升级的成功进行，国企正式工人与派遣工的工资福利待遇水平都将得到一定程度的提升。

第一节　CS公司的发展历程

CS公司是一家始建于1958年的地方国有化工企业，其在1978年后的国企改革期间，有过三次转型升级的经历：通过承担过国家“921”醋酸工程实现了第一次转型升级；1996年，通过在A股上市实现了第二次转型升级；2019 年，通过了资产重组，继而实现了第三次转型升级。接下来，本节将对 CS 公司的发展历程进行基本介绍。

一　企业初建

CS 公司是一家主要从事化工原料及产品制造、销售的现代化工企业，地处长江和京杭大运河交汇处的 I 市。CS 公司成立于 1985 年，其前身是始建于 1958 年的 I 市化工厂。1992 年，在国家“921”醋酸工程的大力支持下，I 市开始征用周边农村土地，以新建醋酸生产厂房与产线。其间，CS 公司一方面将周边的征地农民安置成为产线工人；另一方面在全国范围内征集人才，进行醋酸生产技术的攻关。CS 公司总经理 ZOX 便是在“921”醋酸工程的号召下进入公司的。至今，他已经在 CS 公司工作了 25 年。ZOX 说：

> 我 1995 年大学毕业于 HD 大学资环学院煤化工专业，现在煤化工和环境工程合并了，叫作资源和环境学院，名字比原来好听些。毕业后我就到这里工作了……站在我本人的角度，我当时到这里来，是因为这里有一个国家重点项目，也是 I 市在新中国成立以后最大的一个工业项目。所以，我们的初创项目就是“921”醋酸工程，当时的组长是 HGQ（国家领导人之一）。我们国家的醋酸工业就是在这里起步的，这个地方我来的时候只有一两栋房子，周围几乎全是空地。我们一来，就直接参与项目前期的建设生产了。我的运气比较好，一辈子参与了很多大项目的建设，就是这样一路走过来。

最终，CS 公司自主开发出了低压甲醇羰基合成醋酸技术，成为一家打通煤炭—甲醇—醋酸—醋酸衍生物路线的现代煤化工企业。1996 年 9 月，CS 公司在上海证券交易所上市。CS 公司的《上市公告书》中显示，CS 公司的总股本为 5602 万股，1996 年上市流通的股票为 1350 万股。醋酸生产的成功与上市使 CS 公司一举成为 I 市的明星企业。

二　国企改革中的艰难发展

1998 年后，I 市开始按照中央要求，对市内的国有企业进行改革。ZOX 告诉我们：

> 2000 年左右，I 市进行了大规模的国企改革。基本上 I 市的那些小国企全部改制了（兼并重组或进行私有制改革），最后，国企就留了一两家。现在，I 市的国有企业很少了，CS 公司当时差一点就改（成非国有）了。但是，当时 CS 公司的体量比较大，效益还可以，所以 I 市国资委就不愿意放弃，最后，我们就只改了百分之二十几。

在国企改革大潮的冲击下，作为一家已经上市且效益较好的国有企业，I 市国资管理者顶住了各方压力，虽向 CS 公司引入了私有股份，但成功阻止了其私有化的步伐。此外，CS 公司为了使用沿江优质地块，还以兼并重组的形式买下了 I 市造船厂，并帮助后者的职工解决了就业难题。2004 年，伴随国企深化改革的步调，CS 公司开始讨论管理层持股的事项。ZOX 说：

> 那时候管理层持股百分之二十几，然后 2005 年前后就叫停了。那时候是有巨大争议的，就是有专家对国有资产的流失产生了质疑，当时很多国企都是这样子：管理层，特别是几个人把企业买下来，买完之后马上又卖出去。这种情况在 2005 年以后基本上就叫停了。

2006 年后，CS 公司度过了股份制改造，并进入了平稳运行期。然而，CS 公司很快遭遇了全球金融危机。随着 2008 年全球金融危机来袭，全球经济下滑亦使中国醋酸产业遭遇了供给过剩的寒冬。具体而言，2008 年时，中国醋酸产量约为 260.39 万吨，2009 年则激增至 312.2 万吨，但是，彼时国内消费量仍维持在 300 万吨 / 年左右。2008 年，中国醋酸产能已占全球近 30%，占亚洲产能的 60%。2009 年中国已成为醋酸净出口国，出口量约为 6.5 万吨，比 2008 年增加了 2.8 倍，这种趋势还将持续增强。2010 年 1 月，中国醋酸出口达到 1.15 万吨，随着中国国内竞争的进一步加剧，预计未来中国醋酸及其衍生品出口量还将不断增长。然而，国外市场也无法无限地容纳中国生产的醋酸产品。产能过剩成为 CS 公司面临的最大问题。

考虑到市场对工业乙醇需求量的不断攀升，2016 年，CS 公司在“供给侧结构性改革”的政策环境下，与 OX 化物合作，开始了国家“863”醋酸加氢制工业乙醇项目的攻关。2016 年 5 月 6 日，CS 公司所属 CS 集团召开新闻发布会，宣布国内第一套具有自主知识产权的万吨级醋酸加氢制工业乙醇示范装置通过专家组考核，正式投产，装置产出的无水乙醇产品质量远远超过现行国家标准。此装置的投产，标志着此项国家“863”醋酸加氢制工业乙醇项目的关键工艺被顺利打通，开创了国内工业乙醇自主工业化生产的先河。而醋酸加氢制工业乙醇的产业化可以有效缓解去库存、去产能压力，促进供给侧与需求侧的高效耦合和精准对接。

随着 CS 公司醋酸加氢制工业乙醇项目的投产，其正式步入了转型升级的新时期。与产品转型升级相伴随的是“资产重组”。实际上，从 2015 年到 2020 年，CS 公司共申请了三次资产重组。2015 年 10 月 19 日，CS 公司首次公告停牌筹划重大资产重组。此次的“标的资产”针对的是 CS 集团的甲醇、醋酸和醋酸乙酯等相关业务与资产。为此，CS 集团专门以甲醇、醋酸、醋酸乙酯为相关核心资产设立了 CS 产业有限公司[①]。然而，在股东大会上，该议案反对票数高达 729.16 万股，同意票数仅为 94.06 万股，重组议案遭到了否决。实际上，在 1996 年到 2016 年间，CS 公司的利润水平一直徘徊在 2000 万元左右的水平，而且公司业绩波动越来越大，利润水平也不高。实际上，CS 公司上市的二十多年来并未获得实质性发展，这阻碍了其上市重组的步伐。

2019 年 1 月，CS 公司启动了第二次资产重组流程。这一次，CS 公司拟通过发行股份和支付现金的方式购买 CS 集团醋酸及衍生品业务相关经营性资产与负债，交易对价合约为 48.9 亿元。然而，证监会并不鼓励 CS 公司购入这个高风险但利润水平不确定的资产，继而否决了 CS 公司第二次资产重组的申请。

2019 年 6 月，CS 公司再次发布了资产收购方案，公司拟通过发行股份及支付现金的方式购买 CS 集团醋酸及衍生品业务相关经营性资产和负债，并以支付现金方式购买“HG 新发展”公司的主要经营资产和负债，交易对价合计 40.52 亿元，同时 CS 公司拟向 I 市国控发行股份募集配套资金，募集配套资金总额不超过 4 亿元。最终，CS 公司在 2019 年 10 月完成了资产重组。

很快，CS 公司资产重组对其生产的推动作用得到了体现。2020 年上半年，CS 公司实现营收 15 亿元，较上年同期增长 763.33%；净利润 850 万元，与 2019 年度相比，实现了扭亏为盈。对于上市重组，主管人事工作的 XM 说：

> 以前的产品很单一，都是 ADC 发泡产品。现在，主要产品和优质资产都进来了。以前我们所有的款项全靠到银行借贷，我们每年付出的利息都要几个亿。因为借得多，资产负债率就非常高。经过资产重组后，资产负债率就下降了。现在我们的资产负债率

① 包括但不限于相应的生产和储存设施、公用工程、辅助设施和运输等关联设施。

很低，一年的财务费用只要个把亿，上市公司可能只要 2900 万元。你想想，以前就是在帮银行打工，现在这些利息都变成我们的利润了。

2019 年，CS 公司通过重组收购 CS 集团旗下醋酸及衍生品业务的同时，也开始了技术改造，并通过提高装置信息化、自动化、智能化水平，来强化安全生产工作。此外，CS 公司还投资超过 1000 万元建立了安全生产信息化管控平台，对全产线进行数字信息化升级改造。

三　公司管理需求：降低生产成本

目前，CS 公司拥有煤化工、精细化工、基础化工三条产线。煤化工产线的主要产品是醋酸及其相关衍生产品——目前 CS 公司拥有 120 万吨 / 年醋酸产能，同时配套有 30 万吨 / 年醋酸乙酯生产能力。精细化工产线的主要产品是 ADC 发泡剂——CS 公司拥有 4 万吨 / 年 ADC 发泡剂生产能力，其品质在国内名列前茅。基础化工产线的主要产品是硫酸——CS 公司拥有 110 万吨硫黄制酸的综合生产能力。

但是，上述化工制品市场的竞争极其激烈。ZOX 说：

我们是亚太地区最大的醋酸生产商，每年的产能大概在 120 万吨左右，占国内市场的 1/6，占全球市场的 1/12 左右。目前，需求量在全球大概 1000 万吨，国内大概 800 万吨。我们还有很多竞争对手……这几个竞争对手的产能加起来，是超过市场需求量的……目前我们是面向全球市场的，我们的物流是从长江开始，然后往里走，一些用户也有用汽车运输的。但是到国外去大多用海船运输，有运到印度的，也有运到美国、欧洲的，近的就是咱们台湾，还有韩国、日本。

在这种市场相对饱和且供过于求的情况下，CS 公司产品若想在竞争中脱颖而出，需要满足下面两个条件。

一方面，在中国当然强调且加强环境治理和社会治理的形势下，CS 公司可持续发展的必要条件是提升其环保能力与生产安全水平。

> 现在环境抓得很严。我们的原料直接从长江里运过来，通过这个密封管道进入厂房，煤灰根本不落地的……现在长江只搞大保护，不搞大开发。在江苏省，沿江从武汉到安徽、江西，再到我们这边，是一条线下来的。目前国家针对沿长江沿岸的化工企业的环保政策越来越紧了。你看（在现场指给笔者看），这里面有台小仪器。就这个小仪器，要几十万元！它装在这里要对企业环保情况进行全方位监测。这个数据不受我们控制，直接传给 I 市监管部门。你看，这上面有很多数据，包括天气、气温、污染指数，全部都有。它从大气到水里都有全面监督——天上有无人机，水下有机器人。

2019 年，CS 公司便在 I 市环保部门的要求下，对其环保设备进行了升级改造。据 CS 公司管理方所言，若不按照规定对环保设施进行整改，污染物排放不能达标，便不能继续生产；而一旦环保整治效果良好，污染物排放达标，那么就可能申请 I 市政府提供的整改经费，在一定程度上对前期整改费用予以弥补。当然，除了环保要求外，安全生产问题也受到了极大重视。

> 因为安全和环保有很多新规范、新标准，特别是这几年，像江苏响水事故发生之后，就采用了追责模式。死一个人，就要抓一个人、处理一个人，各级行政机关的压力都很大。现在的检查方式是，政府官员带队，再从行业里抽调专家。有些专家是对照

最严格的标准到企业里来检查，专家检查完成之后还要签字。然后，这些东西就会进入企业档案，要求企业限期整改。检查出来的项目也会分级别，比如，发现有重大隐患的，必须要立即、无条件地停产整治。

另一方面，为了在激化的市场竞争中杀出重围，CS公司的重中之重是降低生产成本。正如ZOX所说：

早期这个领域就我们一家生产企业，一个人玩，根本就不在乎银行成本，CS能承担得起；我们不愿意放弃自己的股权，愿意承担这种成本，那个钱我们也能挣回来。但是现在情况就可能发生变化了，我们必须要能够经得起市场成本的竞争，要能扛得住压力；如果扛不住的话，就必须要果断放弃。

CS公司借助资产重组的东风，在安全环保要求提升与生产成本降低的共同要求下，对其产品与产线装置进行了全方位的升级改造。此次改造不仅改善了环保和安全水平、降低了生产成本，而且对企业生产过程、劳动关系和劳动体制都造成了深刻影响。接下来，笔者将对CS公司转型升级后的生产过程管理方式进行介绍。

第二节　CS公司的生产转型方式与二元劳动体制的松动

2019年，伴随着CS公司生产装置的升级改造，公司管理层开始推行劳动管理方式的改革。CS公司管理方式的改革是从两个方面切入的，其一是引进并推行了阿米巴管理体系；其二是采用OA管理办公自动化系统，对生产过程进行数字化改造。与此同时，CS公司的二元劳动体制仍然得到一定程度的延续，管理方希望正式员工能够更多地承担技术管理的职责，而将设备的巡视、检修等工作交给派遣工。

一 阿米巴管理体系的引进

为了提升生产灵活性、最大程度地减低成本，CS 公司采取了日本企业家稻盛和夫提出的阿米巴管理体系。“阿米巴”(Amoeba) 在拉丁语中是“单个原生体”的意思，属原生动物变形虫科。“阿米巴”虫体赤裸而柔软，其身体可以向各个方向伸出伪足，使形体变化不定，故而得名“变形虫”。稻盛和夫指出，在阿米巴经营方式下，企业组织也可以随着外部环境变化而不断“变形”，形成不断适应市场变化的灵活组织。阿米巴管理模式的核心是将公司分割成许多个被称为“阿米巴”的小型组织。每个小型组织都作为独立利润中心进行独立经营，其中有经营者、销售额、成本和利润。“阿米巴经营不同于传统的监督管理体系，通过事先的经营组织细分，使用一些简化的会计工具计算每个阿米巴组织的投入和回报，从而产生主动性的激励。”（刘方龙、吴能全，2014：136）阿米巴体系具备以下三大原则：建立与市场挂钩的部门核算机制；培养具有经营意识的领导人才；全体员工共同参与的经营。CS 公司便谨遵这些原则，进行生产经营。正如 ZOX 所说：

> 阿米巴就是设定独立的经营个体，你自己来算账。每个小单位都有自己的会计报表，每个阿米巴都要算它一年挣了多少钱，花了多少钱，要用多少人，都到它的成本中去了。

阿米巴管理体系特别适合需要降低生产成本的企业。CS 公司于 2018 年将阿米巴管理体系引入企业管理中，并通过建立各种配套性的管理制度，来提升阿米巴体系的效用。

第一，CS公司将阿米巴与工资考核制度相结合，使工人积极地帮助公司降低生产成本。CS人事主管XM说：

当然，阿米巴带来的经营增量当中——比如我原来有一个标准，经营效益的增量中，它可以分享一部分。比如它省了100万元的成本，我给它一定的比例，然后就可以拿去分。这个东西必须和考核匹配起来，降低制造成本，比如，降低消耗、降低维修费用等，要体现在职工的奖金中。工资总额公司会按照一定的比例给分公司，分公司再自行分配员工奖金。比如，如果分公司在用人上做出了节省——以前是150个人，现在只要120个人，那就节省了30个人的工资。我不发给你所节省的工资总额，但按照——比如50%返还给你的部门，你可以进行再分配。像这样，它们就会想办法来降低成本。首先是人工上面，可以减少，然后是减少制造费用、各种消耗、各种维修等。因为这样，他的待遇就提高了。公司考核的重点就是有没有降低成本。

第二，CS公司将阿米巴与技术改造相结合，使该管理体系的推行更为简单易行。XM说：

有一些需要采用分级分步方式方法推行，那么我们就必须通过技改的方法来完成。除了安全环保监测类的，我们还有一个自动化提升的生产效率的装置。像刚才我们在下面看的“致远互联”自动化提升。自动化提升除了带来管理上的好处，还可以减人。比如，以前需要一个人去看着这个东西，现在用一个摄像头就可以解决了。我们以前很多项目都要人工分析，现在用机器就可以替代，机器可以自动取样、自动分析、自动出结果。以前要人跑很远要去取样分析，现在很多项目都不需要了。

第三，CS 公司还将阿米巴与工作班组制度相结合，提升了班组长责任与班组的凝聚力。

从个人、到班组、到车间——以前叫车间，现在叫分厂，到工段、再到整个装置，整个装置从个人到整个公司所耗费的成本就有一条线出来了。这样，分到我们分厂，我们该干什么、怎么干，或者分到班组，需要干什么，就很明确。每一个人如何去节省成本也都很明确。

第四，CS 公司还将阿米巴与采购等管理制度相结合。XM 又说：

还有，要降低管理成本——主要涉及集团部室。第一个是用人的方面。用人方面我们有明显的降低。如果说的细一点，比如说办公经费、办公用品，都可以降低。这种东西只要算得很细，每个部门、每个基层员工都会想办法替你省钱。反正无论钱大钱小，他们都会想办法减少。还有就是争取政府基金资金的问题。同样一个问题，申请国家资金的返还，有时候需要经过一些努力，包括材料的准备。这方面只要申请成功，我们公司都是给奖励的。最后更多的是技术改造。同样的工艺改进、设备改进，这个可能是影响最大的。当然，采购也很重要。比如买一个东西，我们是全敞口的，公开招标，对所有人都不设门槛，最后选择性价比各方面最好的。我们为此还开了个会——买一个仪表的配件，原厂的很贵，那么我找一个渠道从国外直接买，可能只要半价。我们公司少量大众原材料是定点的，其他只要是通用的东西，包括很多设备，都是要比价的。

CS 公司在企业转型升级过程中，不仅通过上市重组的方式减少负债，而且将工资制度、技术改造、班组制度和采购制度等与阿米巴体系配合衔接起来，降低生产成本。

二 OA 管理办公自动化系统与生产线数字化转型

化工行业生产具有连续性、自动性和规模大型化的特点，且产业链长，化工产品关联度高。对于 CS 公司而言，其第一道工序为气化，即将原料煤转变成为液态，然后再转变成为气态的煤气。第二道工序为合成，即将煤气、一氧化碳、甲醇羰基等混合在一起使其产生化学反应，合成醋酸。第三道工序为醋酸衍生化学产品的合成，比如醋酸酯与液态氢混合制造工业用乙醇等。这三道工序的连续性如果能够得到提升，便可以有效提高生产效率、节约成本。据此，CS 公司便采用了数字化、信息化的手段，通过协同办公、远程办公、数字办公的方式与供应商、客户、工人进行全面、及时的沟通交流与指令下达，使全流程变得更加畅通。

具体而言，CS 公司通过引入“致远 OA 互联协同运营平台”对管理办公和生产线进行了全方位数字化改造。一方面，CS 公司推进了在线办公和在线数据共享。OA 数字系统为全体人员提供了便捷、广泛、智能、跨组织的工作入口，帮助企业人员连接需要的所有组织及机构的工作信息。协同运营平台提供多种线上办公方式，业务处理方式，无论员工身在何处都能进行事务处理，不会错失或贻误商机。数据间的协同实现了基于数据的分析决策和全业务环节的数据共享，在生产资料供应、远程生产管控、客户需求应急响应、客户关系维护上有效保证稳定经营。管理者可以在线上甚至是移动端实时查看企业的各项实时数据，第一时间了解市场第一线的信息，把控企业动态，并最快做出数据分析和决策。

另一方面，“致远 OA 互联协同运营平台”还构建出集产品数据、组织架构、统一门户等各种各样的数据接口于一体的集成应用，并形成可视化的数据平台和控制系统。CS公司有一间极大的操作室，操作室的正墙上便是液晶屏幕，该屏幕显示出了CS公司的生产管理全部环节的实时状态。不仅实现了生产状况的数据化与可视化，而且通过将生产过程中与经营管理过程中采集到的数据汇总、清理并分析运用，实现了处理的即时化。ZOX说：

> 各方面的数据都是直接可以接到这个平台上面来的，包括服务、环保、外排水，都是直接接到系统里面。接到系统里有一个好处，那就是现场人员的劳动强度怎么样，我很清楚。

在这种情况下，管理方可以根据对数据的判断和分析来指导生产。比如，通过对工人行动轨迹进行监控而调整园区人员分布，通过对生产装置数据的监控来调节生产节奏，通过对安全环保装置数据的监控控制污染物的排放，等等。

综上所述，生产信息化、数字化的转型作为一项系统性工作，其不仅带来了生产技术本身的变化，而且带来了产品生产过程、工人劳动过程的变化。接下来，我们将对这些方面的变化进行讨论。

三　劳动过程的变化与二元劳动体制的延续

从更为宏观的角度看，阿米巴管理体系与生产信息化数字化转型使CS公司劳动过程产生了转变。接下来，我们将从劳动过程的重心、劳动方式的转变、劳务派遣工的使用、岗位晋升几个角度来看用以生产醋酸制品的劳动过程所发生的变化。

（一）劳动过程的重心：从取样到巡检

2019年后，CS公司产品生产劳动过程的重心从强调取样化验转变为强调数据判断与分析。以往，CS公司醋酸制品生产的生产流程是相互隔离的，管理方需要指挥工人步行到化工装置处，提取样本到实验室进行化验，并依此调整化合物的剂量。ZOX说：

> 系统没上之前，有很多监控的工作，包括计算的模块的工作，全部都由人工来做。比如说一些消耗的计算，取样分析的计算。假如我7点取样，在装置上的人跑过去是有一段距离的，而且是有人员风险的。所以以前存在装置风险、安全风险、人身风险。

而生产数字化升级后，醋酸生产的全环节都精妙地连接在一起，装置可以自行提取样本、在各个环节自动进行化验，不需要进行人力操作。工人需要做的仅是到设备各处进行安全巡检。从巡检流程上看，负责安全巡检的工人在巡检前，需要到班组长处领取巡检牌和一氧化碳报警仪。巡检完毕后，需要填写巡检牌并将其上交回收。报警仪如果测试到一氧化碳的浓度超过设定标准，就会鸣笛提醒。实际上，工人的体力劳动强度变低了。如XM所说：

> 从个人来看，劳动强度是降低了。比如说，我以前可能巡检的距离特别远，那么现在减少了。技改总体来说对员工是有好处的，我们最后的效果是减少了工作量。

气化部门的工艺工程师MN也说：

> 这个装置安装后，对于岗位上的工人来说，劳动强度肯定是降低了。因为这个装置运行得更平稳，安全风险也更小了。我所理解的是这样的。

以上，经过生产线数字改造后，CS公司工人的劳动过程发生了整体转变，他们不再需要走到装备的不同环节进行取样和化验，而仅仅需要进行安全巡检即可。从这个意义上看，工人的体力劳动强度也得到了一定程度的降低。

（二）劳动方式的转变

在CS公司整体劳动过程发生转变的情况下，工人的劳动方式也随之发生了以下三方面的变化：第一，工人脑力劳动的部分增加了，管理方要求工人提升对整体流程的熟悉程度和数据判断能力。如XM所说：

> 上新的设备对员工的要求更高。我掌握新的设备的操作方法，包括设备的开、停以及处理这些东西。你要有新的要求，这个不一定会降低。以前可能就是全部手工搞定，现在自动化直接提取了。那么，看到这个数据，你只要判断这个数据是否正常，或者可能出现了什么问题。这时，我们对工人的要求也越来越高了。它是从操作性要求，提升到技术判断的要求上了。再往后，工人就要熟悉整个流程。你以前可能只对一个工作点熟悉，后面就需要熟悉整个工作面了。

第二，管理方要求要劳动者提升其工作责任心。气化班组长ZQ便说：

> 如果因为你的责任心导致了装置异常，那这个要罚的，我们有详细的考核规则。比如说，你超了一个指标，在这个指标之内是安全生产的，是装置可以稳定运行的，那没问题。但如果因为你的个人操作，引起装置发生了异常的，危及了安全生产的问题，那是有处罚的。这个在我们考核里是有明确规定的。

当然，这种责任除了要求劳动者提升其数据分析能力外，还包括更有效地落实阿米巴管理体系，以降低生产成本。

> 比如，液氮充装操作之前，有一个遇冷的操作过程，这个就靠阀门开大开小来调控。假如每一个岗位上的操作人员都有成本意识，阀门开小一点，可能节省得就更多，浪费得就更少。另外，我们是用煤企业。我们要把固态颗粒煤做成煤浆，煤浆里面是加了水跟黏合剂的。如果在制造煤浆过程中，把浓度控制在有效范围内，或者在指标范围之内把浓度做高一点，产品质量会更高。这就要靠工人来操作和控制了。

第三，班组长的工作压力增加了。OA自动化装置的运作和阿米巴管理体系的执行对班组长工作提出了更高的要求。气化班组长ZQ便说：

> 施行阿里巴后，班组要独立营运，然后有自己的收益，班长压力还是很大的。上面把指标全部定下来了，我们就要往这个方向努力。因为工资是直接给大家的，大家都想多拿点工资、多拿点奖金，那班组就要自己想办法。

CS公司的工资制度改革是与生产技术、管理方式改革同时进行的。工人一旦因责任心问题造成了各类问题，班组集体工资就会受到影响。在这种情况下，班组长就需要想办法对工人行为进行管理。ZQ接着说：

> 一旦有个别人违规操作，就会影响到所有人。还有就是要经常提醒工人，比如说，一个水龙头，我开一半就可以了，他如果“哗”地上去，把它全开了，我就跟他讲，这流的是我们自己的钱，他就知道了，就这么简单。

总的来看，生产技术的转型升级改变了工人劳动方式。随着阿米巴管理体系和OA管理办公自动化系统的引进，CS公司工人劳动方式逐渐从强调设备操作的体力劳动转变为侧重技术判断的脑力劳动了。与此同时，管理方对劳动者的责任要求与技术能力要求也在提升。

（三）对劳务派遣工的使用

2019年，CS公司实现装置设备的转型升级后，也存在一定数量的劳务派遣工。这些员工是化工设备厂家派来负责设备升级、安装与维护的，主要承担设备巡检、监护类工作。当我们在现场调研时，发现有些员工穿着蓝色工作服、有些员工穿着红色工作服，人事部门的XM告诉我们，穿着红色工作服的是劳务派遣工，其数量根据任务量随时调整：

> 我们是有少量劳务派遣工的。我们有一个化工建设安装、维修公司。劳务工更多的是做设备检修的，我们现在的检修工作，全程是使用“整包”方式交给劳务派遣公司来做的，比如说，这个地方需要维修或者增加装置和功能，就用“整包”的方式来进行。我告诉你多少钱，你派人过来帮我做。当然，这涉及一个核算程序，它会派人过来的，当然也要经过相应的安全培训。

在管理方的计划中，未来正式员工需要从事对责任心、判断力要求都相对较高的脑力劳动，而劳务派遣工则承担设备巡视、检修等较为枯燥的体力工作。与此同时，与TY公司、ZG公司、DL公司相比，CS公司劳务派遣工的工资与正式员工的工资收入更加相似，劳务派遣公司按照法律要求为他们购买了“三险一金”。但是，劳务派遣工无法像正式员工那样在CS公司获得工业公民权，在日常劳动过程之中与职工代表大会上，提出自身的利益诉求。

（四）劳动岗位晋升方式

为了使工人主动熟悉、尽快掌握生产规范，CS公司发展出了新的岗位工资制度。CS公司中，工人岗位共有四个等级：最高的是班组长；第二等是设备主操作手；第三等是设备第一副操作手；第四等是设备第二副操作手及其他。工人的奖金是根据其岗位等级来发放的。气化班组长ZQ说：

> 我们是通过奖金来拉大收入差距的。比如说班长是拿正常车间里的10分的话，主操的话就是9分，然后副操是分两个等级：副操一比如说他是8分；副操二只拿7分。

与该工资制度相配合的是岗位晋升制度。CS公司工人若想提升其工资等级，必须获得岗位晋升；而他们若想获得岗位晋升，首先需要提出岗位竞聘申请，然后参加公司组织的培训，最后参加公司组织的考试。通过考试后，才能获得岗位晋升和工资提升。在这种情况下，工人对于参与技术培训的热情很快就提升起来了。

总的来看，随着CS公司采用阿米巴管理体系、引入了OA管理办公自动化系统对生产过程进行了数字化改造后，公司劳动过程也发生了相应变化，本公司正式工人的作用也更加重要了。从劳动方式上看，产品生产从强调设备操作的体力劳动转变为强调数据分析的脑力劳动；来自化工设备企业的劳务派遣工主要负责设备巡检等辅助工作，本公司工人则在班组长的管理下，将精力放在了降低生产成本上。

第三节　CS公司的劳资关系状况与生产共同体的重建

与数字化改造相伴随的是CS公司对生产共同体的重建。CS公司从以下三个方面入手，对生产共同体进行了重建：第一，推动劳动队伍的升级；第二，推动工人工资的提升；第三，及时化解劳资纠纷。

一 劳动队伍的升级

CS公司在2018年时有2900名正式员工，而2020年时正式员工数为2100人。其劳动力队伍也跟随公司产业转型升级的步伐进行转型升级，这种转型升级体现在三个方面。

其一，招收员工教育水平的提升。以往CS公司招收的员工只要是中专以上就可以，甚至初中毕业都可以接受，但在今天，其招收的新员工学历也都在大专以上。

> 像现在的人员配置，很大一部分是大专。因为随着智能化的提升，包括设备的基本技改，有一些操作要求。对他的理解能力、学习能力也有一定要求的。毕竟化工厂的装置上还有一点安全风险。对于人的要求的话，至少从学习方面还是比较高的。他们学历低的，理解能力比较差，到岗位上工作的话，个人和装置安全风险都会加大。说句不好听的话，你让一个小学生来学这个装置，可能要学个10年，还达不到一个大专生过来学个两三年能达到这个水平。（访谈：MN）
>
> 不是说你大专生来直接操作就行了，就算是研究生也不可能一下达到，这个操作是需要时间来积累经验的。学历只是说得到了书面教育程度，接下来要有实际的操作与训练的话，后面就看他的聪明程度和悟性了。现在不可能要初中生，现在起步就是大专生，一般都要本科生以上了。现在的大专就相当于五年前的技校，对吧？本科生就相当于大专，这样子就往下降了一级。所以说，现在我们招的基本上都是大专以上学历的，技校基本没有招过了。今年开始，就要求本科学历以上。（访谈：FP）

其二，新招员工的岗位以技术管理人员为主，CS公司对操作工的需要已经极少了，正如XM所说：

从2018年到现在这几年，没怎么招，今年开始启动了，我们当时有更多的考虑，因为以前的人员的存量确实太大了，我们现在希望先“挤水分”，把现有编制人员减少一点。因为整个职工数慢慢减下来了，职工的平均年龄往上走了，我们今年才启动了招聘……这次招聘方式以校招为主，招的就是技术管理人员。工艺员、工艺设备员以后就是做这些的，工艺工程师、设备工程师可能以后还差这方面的。

可见，CS公司的管理者试图通过招聘的方式，着力提升本公司工人的教育程度与技术水平。

二　工人工资水平的提升

CS公司的工资制度是“岗位工资制+绩效考核”的组合。其绩效奖金部分是员工收入的大头，根据生产车间、产线成本节约和生产绩效而制定的基准上下浮动。公司层面会为下属分公司划定一个工资技术，再根据分公司成本控制、效益实现的情况向其发放浮动奖金。近年来，企业会根据通货膨胀的状况，将员工基本工资提升至3000—4000元，并上调各类补贴的额度，以抵充物价上涨。MN说：

工资基本上每年都会涨一点。2008年是金融危机，就没有涨了。后来公司受金融危机影响，整个效益都不好。再后来公司效益恢复过来后，就基本上每年都涨工资。根据具体情况，工资涨幅有大有小。

合成班组长ZW说：

以前我刚进公司的时候，那个时候上中班，我们从17：00上到 24：00，补助是两块钱，然后上夜班给的是三块钱。现在上一个晚班补助 40 块钱，上夜班的话是多挣 80 块钱，上白班是 20 块钱。这次我们又提出了还要继续提升晚班补助。昨天又发了（补助），我们现在调到 30 块、50 块、90 块，就是白班补助 30 块钱，中班就是 50 块钱，夜班的话是 90 块钱。

目前，CS 公司员工平均工资为 6447 元 / 月，其中 36% 的员工工资收入为 4000—6000 元 / 月，27% 的员工工资收入为 6000—8000 元 / 月，其工资达到了 J 市职工平均工资的水平。MN 说：

我们的工资相对于公务员来说就低一点，但是我们企业相对于我们市的其他企业还是比较好的。一般普通工人 4000 多元，主操会更多。现在这个工资不是向一线工人倾斜的嘛，对吧？其实就是为了留住人才，想留住这方面的人才，工资就必须向他们倾斜。

国有企业的工资水平相对来说还可以。主要是我们这边消费水平不是太高。好一点的房子，房价大概 9000 元一平方米，应该差不多了。我们的工资是 5000 多元，攒几年钱买房差不多了。在长三角地区，这边的房价是最低的，消费水平也不高，所以这个收入生活起来还是差不多的。

三　及时化解各类纠纷

在 CS 公司推进转型升级的过程中，管理层较为注重及时化解劳资纠纷：第一，从制度方法上看，职代会与工会依然是企业层面应对劳资纠纷挑战的主要办法。其中，职代会是管理层与工人围绕工资分配方案、绩效奖励方式、调资问题、福利问题的主要平台，而企业工会主要关注工人福利问题，提出了“每年给工人办十件实事”。第二，日常工作遇到的问题，工人主要是向班组长反映，并通过班组长向上级层层反映上去。第三，比较特殊的劳资纠纷问题，工人可以通过高管恳谈会、董事长信箱、信访办公室、党委纪委投诉等渠道要求解决。

（一）围绕工资考核体系的纠纷化解

在CS公司，分公司管理方需要根据下属班组的表现分配班组绩效工资，然后，班组长根据不同工人的表现状况向其发放绩效工资。当员工对自身绩效工资浮动状况产生异议时，就会找班组长询问。ZW说：

少了一分钱工人都会找的，这个肯定是问班组长的。一是你违反劳动纪律的话，都有考核通知单，比如说这个月你表现得好，奖励也会有。如果问为什么要扣这部分钱，是可以的。我们的考核都是有理由的，都会发单子给他，当时都能看到的。比如，这个月某某事情你违纪了，什么班你违纪了，是为什么，根据什么规定扣了多少钱，考核人是谁，都要经过厂部领导签字，然后才公布。考核工作都是领导签字的，不是随意考核的。跟着这个规定来，考核都有细则，所以大家都知道，考核多少钱，是根据什么考核，你差多少钱，比如说你在哪边扣掉了，都是直接公布的。

除了员工个人绩效工资的考核，工人也会就企业整体调资问题与管理层讨价还价。企业整体调资方案是由人力资源部门出的，XM说：

决策过程是这样的。一般来说，最开始出这个方案的时候是人力资源部进行，它基本上包括，测算一下公司承受力，测算人工成本一年需要增加多少，还因为我们所有的工资总额是由国资委监控的，所以国资委要根据工作成绩，每年增长或降低额度，

> 它们要给一个计划，我们不要超过它们的调资计划，然后根据这个大盘子进行调整。

工资调整往往涉及绩效测算方式的转变，而这很容易引发部分工人的不满。所以CS公司的调资方案需要事先向员工征集意见：

> 把具体的考虑清楚后，就做一个方案，定下初步的方案之后，就要发工会系统，广泛征求职工的意见，这就是征求意见稿了。职工对方案的倾向性，对额度都会提各种各样的意见，我们再进行修改。

老工人FP则说，原则性问题是企业层面定的，员工只能就细节问题提出建议：

> 我们有意见还可以提，工资涨起来的幅度可能提不出来。比如说我想涨1000元，那这个意见提不了。但在哪方面倾斜一点，这个意见可以提。你不能说今天给我涨1000元，明天给我涨500元，调子是他们定的，但在细节方面，我们就可以去提点意见。

征求意见的时间一般是半个月左右。意见征求过后，工会委员会把意见反馈给人力资源部，并对调资方案进行修改。修改之后，工会委员会进行表决，通过了之后，再提交党委会。党委会对调资压力进行通盘考虑。CS公司经由考虑，主要提升了三班工人的津贴。在上述三个流程的操作下，在本公司劳资关系并无历史包袱的情况下，CS公司员工围绕工资与考核体系的纠纷通常能够得到化解。

（二）围绕员工福利的讨价还价

除了工资问题，CS公司员工还会围绕福利问题向公司提出要求。

2020 年，员工在职代会上提出了装净水机、电动车充电等要求，并得到了解决。关于福利方面的问题，员工最初往往是内部讨论，并向班组长进行反映，MN 就说：

之前我们不是有体检吗？体检就查出好多人都有肾结石，我们就觉得这个水有问题。以前我们全都喝自来水，这次我们就说能不能安装上净水器。净水器这个问题也是员工直接提出来的，先找的班组长，然后班组长反馈到车间或者公司，形成一个重要意见或指标。

而 XM 说：

有些困难不一定需要董事长来解决，有的是分公司就能解决。小的、简单的事情，比如净水机的事，分公司没有资金，没有这个能力，那就要报告到上面去解决。

安装净水器、电动自行车充电等福利问题事情虽小，但解决起来要依靠总公司调拨资金。所以，这些问题往往是通过班组反映到分公司，再由分公司向上反映，最终成为职代会上的讨论议题——职工代表往往在自由讨论环节提出这些议题，并努力使其成为“工会十件实事”中的一件。ZW 说：

基本上，在职代会自由讨论的时候，什么问题都可以提。比如说，我们有很多职工是住在附近的，要骑着电动车上下班，那么电动车的充电问题，我们就在职代会上提出来了。

当然，也有一些要求一直悬而未决。员工说，他们以后还会继续在职代会上提出，给管理层施压。MN 说：

> 这么多年来，我们提了很多问题。比如以前我们提的企业年金的问题，他就跟你讲，现在经济比较紧张，过了这段时间，领导肯定会给你答复的。可能他会在职代会上做企业的运转情况、收入负债等财务报告。但今年这个问题还是没有解决。我们有代表问他大概什么时候处理，但是说实话，这个东西我们提，但是领导解决不解决是另一回事。企业年金不是必须交的，如果不交，我们也没办法，但是我们还会再提，这个是给工人争取利益的，对吧？工人上班就是为了工资高一点、收入多一点。

可以说，通过延续并利用好了企业内部劳动治理体制机制，CS 公司既没有如 TY 公司那样，在企业转型升级过程中遭遇了激烈的劳资冲突，也没有像 ZG 公司，将工人置于专制主义的劳动体制中不得翻身，并丧失了向管理方讨价还价与提出建议、反馈的能力。与此同时，CS 公司与 TY 公司、ZG 公司类似，都使用了不占据本公司人员编制的劳务工，将其与计划经济体制相匹配的“单位制”发展成为更适应当下市场需要的二元劳动体制，而其对本公司员工的劳动治理策略，显然比其他三家企业更符合产线升级的需要。

第四节　小结

随着国有企业转型升级初步完成，CS 公司的生产过程发生了一定程度的变化——对于化工企业而言，其生产重心从取样化验转变成为安全巡检与数据监测。与此同时，管理方对劳动队伍的要求也产生了变化：一方面，管理方对具备责任心和判断力的工艺员、工艺设备员等技术管理人员产生了更多需求；另一方面，体力劳动者的任务不再是跑到设备各处进行取样和化验，而是对公司内的化工设备进行巡检，以提前发现安全隐患。与此同时，CS 公司的二元劳动体制得到了延续。随着工资考核制度、岗位晋升方式发生的转变，正式雇员的各种待遇得到了提升，国企内部的生产共同体在一定程度上得到了重建；但非正式雇员不在这个生产共同体之中，他们无法像正式员工那样，在劳动过程中向管理方提出各类建议与自身诉求，不能在职工代表大会提出自身利益诉求，享受不到工青妇下发的各类福利，也无法在企业之中获得晋升。总之，二元劳动体制是国有企业用以降低劳动力成本、提升劳动生产率，继而应对转型升级困境的一种劳动力使用模式，这种劳动体制在国企实现转型升级之后，虽然规模得到了一定的控制，但是依然继续存在。

第八章
结论与讨论

国有企业的转型升级是一个整体性的历史进程。以往研究者倾向于从国家的产业政策、国家与国企关系、技术变革等宏观视角来理解这一历史进程，本书则倾向于生产实践入手，分析国有企业发展出了一种怎样的劳动体制来回应转型升级的要求。笔者发现，国有企业建构起了一个用以提升生产绩效、降低生产成本、协调劳资冲突的二元劳动体制，以应对自身面临的市场效率需要与组织合法性需要之间的冲突，继而为自身转型升级争取时间与空间。接下来，本书将从二元劳动体制在不同国企中的具体表现、二元劳动体制产生的历史动力、市场力量与单位传统影响下的国企劳动体制变迁三个方面对本书内容进行总结讨论。

一 国有企业中的二元劳动体制及其具体表现

比弗利·希尔弗曾指出，西方国家往往通过划分“排斥性的界限”的策略来解决利润率危机和合法性危机之间的两难。企业主往往“通过划分出一个显而易见但规模相对较小的、在主要产业部门工作的、享有特权的城市工人群体，他们希望合法性、控制和利润可以同时存在”（希尔弗，2012：30）。当然，这种界限的划分可以根据种族、性别，也可以根据民族和国别（希尔弗，2012：27、29）。与此类似，中国国有企业的管理者面对市场效率与组织合法性的矛盾时，似乎也没有发现更优越的替代方案，他们亦是借助人员编制或人员定额将雇佣劳动力分为企业职工和各种非编的灵活用工人员。

在层出不穷但表现各异的劳资冲突倒逼下，在传统国企单位制的基础上，TY 公司在多件小规模的定制生产要求下，采取了正式工人与外协工人分而治之的二元劳动体制，并增加了对“入厂包工制”的使用。TY 公司的正式工人处于“选择性放任”的劳动治理下，而外协工人则处于包工头的简单控制下。正式工与外协工关系极为疏远，二者分处车间的不同位置，在工作中没有交集，他们所使用的语言、文化习惯乃至吃饭的口味都不同，彼此之间也从不交往。正式工认为外协工在一定程度上侵占了原本是他们的生产任务，而外协工认为正式工是吃闲饭的老工人，两者呈现出相互看不起的状态。

ZG 公司采取的是正式工人与劳务派遣工同工不同酬的二元劳动体制，两者共同处于“技术控制”和“等级控制”之下。正式工与劳务派遣工往往同在一个炉前工班组、同处一个维修小组或者操作同一台机床，他们从事完全相同的工作、在同一个饭堂吃饭、工作同样的时间，他们甚至是同校同学、生活在同一个单位社区。两者之间的差异就是劳动合同和待遇，正式工与企业签订了劳动合同，享受“五险一金”，而劳务派遣工与劳动服务公司签订合同，不享受社会福利和保障，工资也比正式工低。这使得劳务派遣极为不满，流动率极高。

DL 公司的二元生产划分体现在以农民工为主的体力劳动者和以大学生为主的脑力劳动者之间，双方都处于精益生产的控制下，前者需要进行枯燥而重复的劳动；而后者对前者进行管理，通过电脑系统监控流水线的运行情况。两者的工资和待遇上存在很大差异，作为体力劳动者的农民工大多为来自周边省份的技校学生，他们和企业签订一年一次的短期合同，工资待遇较差，而作为脑力劳动者的办公室人员大多来自周边省市的大学生，他们和企业签订两年一次的合同，并被希望留在企业。

CS 公司的二元劳动划分体现在以劳务派遣工和本公司正式员工之间，本公司正式员工负责技术管理方面的工作，而劳动派遣工则负责设备的巡视与检修。前者处于父爱主义体制下，大多正式员工工资较高、享受各种福利待遇，并具有向上流动的渠道；而后者无劳动合同，工资相对较低、也不享受任何公司福利，并且缺乏相应的职业发展空间。

虽然上述四家国有企业劳动过程各不相同，经营成败亦有区异，但在国企改革的历史进程中，都逐渐走向了二元劳动体制。具有本企业正式雇员身份的员工具有企业内部的工业公民权，能够以不同方式参与到影响国有企业生产发展的车间政治中去，继而努力改变自身的劳动生活境遇。比如，TY 公司、CS 公司管理方在正式员工的不断要求下，进行了生产共同体的重建，提升了正式员工的福祉；而 ZG 公司、DL 公司管理方则因为罔顾正式员工的福祉，而受到了后者的埋怨与抵制。另外，不具有正式雇员身份的外包工、劳务派遣工则不具备工业公民权，他们既不能享受国企内部的福利，又缺乏向国企要求提升自身福祉的渠道与政治社会。这两类劳动群体处于完全不同的工作生活状况，他们是一个失语的群体下。总之，改革开放至今，中国国有企业逐渐构建起了以编制为身份划分依据的二元劳动体制。

表 8.1　四家企业二元劳动体制的比较

案例	行业	生产的组织方式	生产技术	生产中的社会关系	二元劳动划分
TY 公司	重型机械	多件小规模定制生产	半自动化机床 / 数控机床	劳资矛盾明显	入厂包工 / 正式员工
ZG 公司	冶金设备	特定规格批量生产	ERP 系统 / 半自动化机床	劳资矛盾明显	劳务派遣工 / 正式员工
DL 公司	新能源	大规模流水线生产	ERP 系统 / 自动化	正式职工内部矛盾较大	新生代农民工 / 正式员工

续表

	行业	生产的组织方式	生产技术	生产中的社会关系	二元劳动划分
CS 公司	精细化工	智能化生产	OA 数字化系统	劳资关系较好	劳务派遣工 / 正式员工

二 双轨改革与弹性积累的相遇：国企二元劳动体制产生的历史动力

国企二元劳动体制既满足了管理层降低成本、提升劳动生产率的需要，又满足了国企正式员工保证自身工业公民权的需要，成为中国国企应对劳动用工领域效率与合法性冲突的普遍策略。但国企二元劳动体制产生的历史动力究竟是什么?

近年来，学者愈发强调从中国本土的历史实践出发，来理解中国国企改革过程中新出现的各种灵活用工方式。比如，张璐指出，中国的劳务派遣制度并不是 2008 年之后的新发明，而是产生于 20 世纪 70 年代末，并在 90 年代被国企用来解决劳动力过剩的问题（Zhang，2012）；李静君等指出，不稳定劳动（precarious labor）在中国的存在不仅仅是企业对全球市场竞争的自然反应，而且受到了金融制度等中国国家发展战略的影响（Lee and Kofman，2012）；陈佩华则发现，国有企业中的派遣工并没有如希尔弗等学者的预测，发生群体性的反抗，这是因为管理层在一定程度上延续了以往计划经济的传统，采取了兼具父爱主义与人性化的管理体系（Chan，2018）。尽管这些研究并未明确指出，但都在一定程度上意识到，两种宏观政治经济进程的历史性交汇对于中国国企劳动体制转型的重要作用：其一，中国采取双轨改革的策略，在保持社会主义体制不变的基础上，尽可能平稳地改革计划经济体制；其二，在 1980 年到 2019 年间，全球政治经济形势正在从美苏两大阵营的“冷战”局面转化为以“去管制”为核心的新自由主义全球化（哈维，2004；Boutang，2011：14）。

双轨制改革一般是指，中国在市场改革过程中发展出的通过构建一个分割的经济社会系统来保持传统存量、增加市场增量，进而在保证社会整体稳定的情况下推进市场发展的改革逻辑。借由“双轨制”这一改革智慧，国家打造了一个分割的经济结构，一手保护和封闭体制内的存量，一手培育和发展市场中的增量，并通过增量部分来推动改革进程，进而突破计划经济的总体支配格局（渠敬东等，2009）。在20世纪末期的市场转型争论中，学者们便提出了再分配与市场的双轨并行是中国市场转型的方法，而公有、私有二元经济的共存与相互交叉渗透是中国渐进式改革的重要特征（边燕杰、罗根，1996）。

进一步而论，中国践行双轨制改革的具体制度依托，不仅包括广受社会科学领域学者关注与探讨的城乡二元化的户籍制度，而且包括国有企业与事业单位长期存在的编制制度。这里必须指出的是，后者对于国企劳动体制发展变迁的影响完全不亚于前者。在编制制度下，各类单位往往根据上级对特定岗位职工数量的规定、计划并参照不同的预算方式，对内部资源与利益进行分配。尽管编制制度本身已经发生了重要变化，但一种基于编制身份的、对资源进行不平等分配的管理策略，在国有企业、事业单位和政府部门中则持续存在着（蔡禾，2019）。

在对编制制度的持续运用中，国企管理者与员工甚至产生了一种“编制思维”，即一旦遇到生产劳动方面的难题，他们便会立刻想到以各种方便的手段招收与扩大非编人员这个锦囊妙计，用以降低企业的用工成本。正是在此思维下，TY公司在20世纪80年代需要扩大生产的时候，便引入了合同工进厂生产，而在2002年进入全球市场、但生产能力难以跟上任务需要的时候，又大举引入了外协包工队；也正是在此思维下，ZG公司高层在面对本公司老员工对其贪腐行动予以投诉与反对之时、当DL公司出现办公人员相互推诿，以至于组织交易成本不断攀升之时，所想到的都不是去理顺组织管理方式或提升劳动者的技能素养，而是如何削减难以管理的编制内工人，并通过招募派遣工、合同工等方式增加缺乏工业公民权的编制外人员来解决自身的燃眉之急，当CS公司已经实现转型升级后，管理方依然延续了对编外人员的使用，并希望编内人员都能提升自身的技术水平，成为技术管理者。[①]

行至新千禧的第一个十年时，中国国企编制制度切实地遭遇了西方国家惯用的弹性积累逻辑，并发展出了具有本土特色的二元劳动体制。弹性积累逻辑是指，在新自由主义全球化背景下，企业采用了更加灵活多变的劳动过程、在地理上更为分散的市场、更加便捷和多样的消费实践、更为灵活和迅速的流动与周转，以使资本积累速度的得以加快（哈维，2004）。TY公司的管理者便是在与德国企业合作的过程中发现，外协包工制竟是全球诸多企业用以提升效益、降低成本的通用方式，继而更进一步地增加了公司内外协包工队的数量。国企既有制度与全球通行法则的相遇，使国企管理者更加坚定了通过扩大编外用工来降低成本、提升利润，以达到企业复兴发展的目的。此后，计划经济时期延续而来的双轨改革逻辑与新自由主义全球化带来的灵活积累逻辑便呈现出不断并轨、相互促进的趋势。2010年后，大批国有企业采用了形式各异的二元劳动体制，并引发了社会层面的广泛讨论。2012年，《中华人民共和国劳动合同法》对此亦做出了反应，并增加了“劳务派遣用工是补充形式，只能在临时性、辅助性或者替代性的工作岗位上实施”等条文。但即便如此，各种非正式用工方式仍然在国企生产场所继续存在着。

改革开放后，国企员工与管理层之间的关系发生了剧烈变化，国家与劳动者之间的关系也从依附—庇护关系转变成为法律关系（加拉格尔，2010；林琳，2011）。但是，这并不意味着中国政治社会土壤

① 笔者同时注意到，TY公司在20世纪50年代、计划经济晚期和改革开放初期都曾采取过包工制、承包制或临时工等劳动方式；ZG公司的劳务派遣制度亦不是全新的创造，而是由其20世纪90年代的劳动服务公司以及对临时工的使用发展起来的。

发生了根本性的转变。我们需要注意的是，中国旧有编制制度与全球弹性积累体系在这一过程之中，逐渐融合在一起，并相互强化着：一方面，“编制制度”等既有躯体，使得“零工化”（casualization）和“不稳定劳动”（precarious labor）等舶来品在中国获得稳固的立足点（Standing，2019）。弹性积累逻辑通过在地化得以普遍化。另一方面，“编制制度”等计划经济时期遗存下来、以不平等的资源分配为核心的痼疾沉疴，披上了弹性积累这套新衣，又焕发出了新的活力，成为应对国企效益下滑与劳资矛盾的灵丹妙药。

时至今日，二元劳动体制仍然是中国国有企业用以应对市场效率与组织合法性两难的重要策略之一。国企同样通过存在一个“排斥性的界限”，但是这个界限并不是种族、性别、户籍等，而是编制身份。据此，在编在岗的正式雇员与不在编制内的非正式雇员在工资、福利待遇上存在很大不同。国企二元劳动体制并不简单是对西方国家精益生产体制的效仿，或对其他国家弹性用工制度的借鉴。恰恰相反，这种独特的劳动体制根植于中国计划经济时期就已存在的差异性资源分配策略之中，立基于以编制制度为核心的既有历史实践之上，发展于中国国企在世界市场上与跨国资本相遇之时，最终成为当下国企用以应对产业转型升级时的重要策略之一。

三　市场力量与国企传统影响下的劳动体制变迁

中国在近三十年间处于“波兰尼的大转型”与“布洛维的大转型”的交汇点上（沈原，2006）。“波兰尼的大转型”指涉了市场逻辑成为社会生活的主导性逻辑。但是，20世纪80年代的经济全球化比“波兰尼的大转型”更为广泛和深刻。哈维认为，经济全球化是一种通过地理扩张来解决资本过度积累危机的全球战略，这套战略“借助不平衡地理发展的机制得到了极大推动，成功的国家或地区迫使他人也跟随其脚步。层出不穷地把各个国家、地区，甚或城市带到了资本积累的前哨”（哈维，2004：87）。随着中国加入世界贸易组织，曾经大门紧闭的国有工业企业也被裹挟进全球市场，成为跨国资本的代工厂，满足迅速变动和高度不确定的世界市场需求。“布洛维的大转型”是指中国从计划经济再分配体制向市场经济体制的转变。正如加拉格尔（2010）所述，中国的市场转型开始于私有领域，90 年代后才逐渐渗透到国有领域。尽管 1992 年 10 月召开的中共十四大就已经提出“国有企业改革要进一步从放权让利为主，转向机制转换、制度建设”，但 1997 年 9 月召开的中共十五大才正式宣告了这场变革的开始。此后，国家采取改组、联合、兼并、租赁、承包经营和股份合作制、出售等形式对国有中小企业进行改造，并采取下岗分流、减员增效、建设“产权清晰、权责明确、政企分开、管理科学”的现代企业制度，对大型国有企业进行改造。1999 年，中共十五届四中全会通过了《中共中央关于国有企业改革和发展若干重大问题的决定》，国有企业最终成为自主经营、自负盈亏的法人实体和市场主体。这一转变完成后，增加资本积累、提高企业利润率成为中国国企的目标，而管理者能够通过自主决策来达到这一目标。国有企业的二元劳动体制受到了上述双重大转型的影响，产生于企业生产管理制度转变之时，建立在国企单位制的遗产之上。最后，我们将归纳这种二元劳动体制在国有企业得以产生的政治经济基础，以及国有企业生产模式变迁的实践逻辑，绘制国有企业劳动体制变迁的框架图。

图 8.1 显示，国企二元劳动体制的变迁主要受到市场环境变化与延续的国企性质这两个因素的影响。一方面，当国有企业不再承担传统的社会职能，而成为法人主体后，必须面对市场环境的变化。这意味着企业需要根据市场要求不断地扩大和压缩生产、调整产品类型，采取以利润为先的生产方针。四家案例企业的经营效率都随着全球市场变化而起伏不定。为了应对愈加不确定的市场、激烈的市场竞争，各国有企业都采取了利润为先和弹性生产的策略。这意味着国有企业

需要在市场状况良好时迅速扩大生产、增加产值和利润，而在市场不景气时压缩劳动力、降低成本，这显然增加了企业大量招收廉价劳动力的需要。

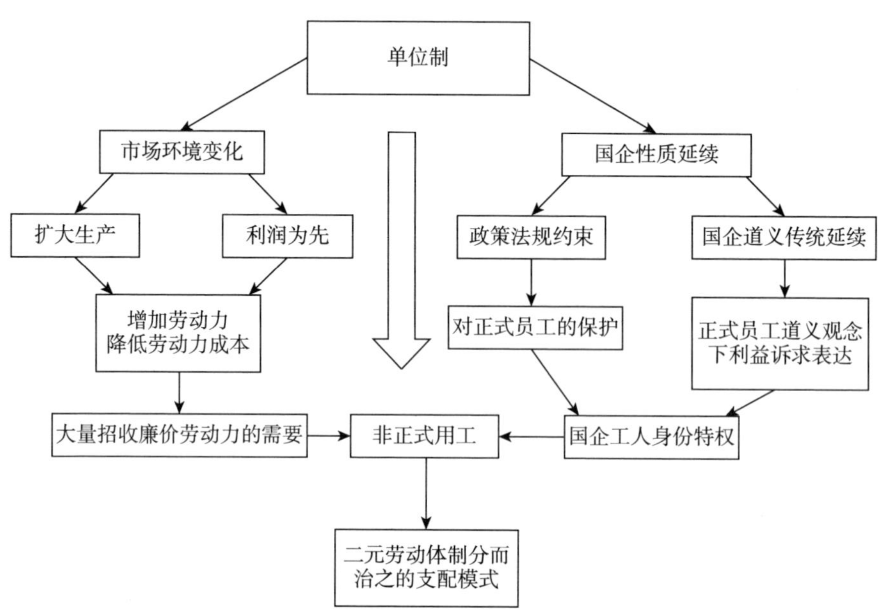

图 8.1　国有企业劳动体制的变迁框架图

另一方面，我们不能忽视的是延续的社会主义制度和国有企业传统。国有企业性质的延续体现在两个方面：第一，国有企业处于更加严格的国家政治法规的约束下，这使得企业在劳动力的雇佣和使用上受到各种法律规定的约束，它们不能随意解雇正式职工，也不能随意增加编制内员工。此外，国企还需要每年召开职工代表大会，听取普通员工的意见，并由工青妇等群团组织为员工组织各类活动、向后者提供各类福利。第二，经历过计划经济的国有企业仍然具有道义传统的留存。国企正式员工会以各种方式要求管理层保持父爱主义的管理方式、宽松的工作环境与自主性较高的劳动方式，并希望自己能够分享企业的发展。国企劳动体制便是在市场环境变化、国企性质延续这两种政治经济因素的共同作用下产生的。

当然，并不是所有采取二元劳动体制的国有企业都能够在转型升级中获得成功。比如，ZG 公司至今依然没能走出转型升级的泥潭，而曾被国家寄予厚望的 DL 公司也逐渐走向了衰落；与此同时，在 2012 年前后濒临绝境的 TY 公司却起死回生，全球竞争者众多的 CS 公司也突破重围、实现了技术升级。历史地看，任何产业的市场环境必然起伏不定，而那些愿意与员工同甘共苦、并满足员工实际需要的管理者更容易得到员工的支持，那些有能力保证内部生产共同体持续团结的国有企业更有能力抵御外部环境的变化，继而更有机会在转型升级中获得成功。

参考文献

边燕杰、约翰·罗根、卢汉龙、潘允康、关颖:《“单位制”与住房商品化》,《社会学研究》1996年第1期，第83-95页。

蔡禾:《论国有企业的权威问题——兼对安基.G.沃达的讨论》,《社会学研究》1996年第6期。

蔡禾:《新二元：中国劳动力市场结构变迁》,《探索与争鸣》2019年第6期。

李汉林、李路路:《资源与交换：中国单位组织中的依赖性结构》,《社会学研究》1999年第4期。

李路路、李汉林:《单位组织中的资源获得》,《中国社会科学》1999年第6期。

李猛、周飞舟、李康:《单位：制度化组织的内部机制》,《中国社会科学季刊(香港)》1996年第3期。

林超超:《生产线上的革命——20世纪50年代上海工业企业的劳动竞赛》,《开放时代》2013年第1期。

林琳:《传染的资本主义、病态的劳资关系——评〈全球化与中国劳工政治〉》,《开放时代》2011年第8期。

刘平、王汉生、张笑会:《变动的单位制与体制内的分化——以限制介入性大型国有企业为例》,《社会学研究》2008年第3期。

渠敬东、周飞舟、应星:《从总体支配到技术治理——基于中国30年改革经验的社会学分析》,《中国社会科学》2009 年第 6 期。

任焰、潘毅:《跨国劳动过程的空间政治：全球化时代的宿舍劳动体制》,《社会学研究》2006 年第 4 期。

沈原:《社会转型与工人阶级的再形成》,《社会学研究》2006 年第 2 期。

石美遐:《非正规就业劳动关系研究：从国际视野探讨中国模式和政策选择》，中国劳动社会保障出版社 2007 年版。

吴长青:《革命伦理与劳动纪律——20 世纪 50 年代初国营企业的劳动激励及其后果》,《开放时代》2012 年第 10 期。

张静:《利益组织化单位：企业职代会案例研究》，中国社会科学出版社 2001 年版。

张昭:《成组技术的发展及其在机床制造业中的应用》,《机床》1980 年第 7 期。

赵炜:《工厂制度重建中的工人——中国白色家电产业的个案研究》，社会科学文献出版社 2010 年版。

周飞舟:《锦标赛体制》,《社会学研究》2009 年第 3 期。

[美]贝弗里・J・西尔弗:《劳工的力量：1870 年以来的工人运动与全球化》，张璐译，社会科学文献出版社 2012 年版。

[美]戴维・哈维:《后现代的状况——对文化变迁之缘起的探究》，阎嘉译，商务印书馆 2004 年版。

[英]盖伊・史坦丁:《不稳定无产阶级：一个因全球化而生的当代新危险阶级》，刘维人译，漫游者文化事业股份有限公司 2019 年版。

[美]哈里・布雷弗曼:《劳动与垄断资本：二十世纪中劳动的退化》，方生等译，商务印书馆 1979 年版。

[美]华尔德:《共产党社会的新传统主义——中国工业中的工作环境和权力结构》，龚小夏译，牛津大学出版社 1996 年版。

[美]凯瑟琳・西伦:《制度是如何演化的：德国、英国、美国和日本

的技能政治经济学》，王星译，上海人民出版社 2010 版。

[美] 玛丽・E. 加拉格尔:《全球化与中国劳工政治》，郁建兴等译，浙江人民出版社 2010 年版。

[德] 马克思:《资本论》(第一卷)，中央编译局译，人民出版社 2004 年版。

[美] 迈可・布若威:《制造甘愿——垄断资本主义劳动过程的历史变迁》，林宗弘等译，群学出版有限公司 2005 年版。

Charles F. Sabel and David Stark, "Planning, Politics, and Shop-Floor Power: Hidden Forms of Bargaining in Soviet-Imposed State-Socialist Societies", *Politics Society*, Vol. 11, NO.2, December 1982.

Ching Kwan Lee, "The Labor Politics of Market Socialism: Collective Inaction and Class Experiences among State Workers in Guangzhou", *Modern China*, Vol. 24, NO.1, January 1998.

Ching Kwan Lee, "From Organized Dependence to Disorganized Despotism: Changing Labour Regimes in Chinese Factories", *The China Quarterly*, Vol.157, February 1999.

Ching Kwan Lee, *Against the Law: Labor Protests in China's Rustbelt and Sunbelt*, Berkeley: University of California Press, 2007.

Ching Kwan Lee and Yelizavetta Kofman, "The politics of precarity: Views beyond the United States", *Work and Occupations*, Vol. 39, NO.4, October 2012.

Daniel Nelson, *Managers and Workers: Origins of the New Factory System in the United States: 1880-1920*, Madison: University of Wisconsin Press, 1975.

Gerry Hunnius, "Workers' Self - Management in Yugoslavia", in Gerry Hunnius, G. David Garson, and John Case, eds., *Workers' Control: A reader on labor and social change*, New York: Vintage,1973.

Jiri Kolaja, *Workers' Councils: The Yugoslav Experience*, London: Oxford University Press, 1965.

Lu Zhang, "Lean Production and Labor Controls in the Chinese Automobile Industry in An Age of Globalization", *International Labor and Working-Class History*, Vol.73, NO.1, May 2008.

Lu Zhang, "Permanent Temps: Labor Dispatch and New Trend in State-Labor Relations in China", paper delivered to Research Conference on the Chinese Labor Market, sponsored by New York University School of Law, May 11-12, 2012.

Michael Burawoy, *The Politics of Production: Factory Regimes under Capitalism and Socialism*, London: Verso, 1985.

Michael Burawoy, *The Radiant Past – Ideology and Reality in Hungary's Road to Capitalism*, Chicago: The University of Chicago Press, 1992.

Minghua Zhao and Theo Nichols, "Management Control of Labour in State-Owned Enterprises: Cases From the Textile Industry", *The China Journal*, Vol. 36,1996.

Miklos Haraszti, *A worker in a workers' State. New York: Universe Books*, New South Wales: Universe Books, 1978.

Patrick Joyce, *Work, Society and Politics: The Culture of Factory in Later Victorian England*, New Brunswick, N.J: Rutgers University, 1980.

Richards Edwards, *Contedsted Terrain: The Transformation of the Workplace in the Twentieth Century*, New York: Basic Books, 1979.

Thomas Cliff, "Post-Socialist Aspirations in a Neo-Danwei", *The China Journal*, Vol.73, January 2015.

Xiaobo Lu and Elizabeth J. Perry, *Danwei: The Changing Chinese Workplace in Historial and comparative perspective*, London: Routledge, 1997.

Xueguang Zhou, “Unorganized Interests and Collective Action in Communist China”, *American Sociological Review*, Vol. 58, NO.1, February 1993.

Yann Moulier Boutang, *Cognitive Capitalism*, Cambridge: Polity Press, 2011.

Yiu Por (Vincent) Chen and Anita Chan, “Regular and Agency Workers: Attitudes and Resistance in Chinese Auto Joint Ventures”, *The China Quarterly*, Vol. 233, NO.3, January 2018.

后　记

本书是在我主持的上海市哲学社会科学规划青年课题“产业转型下国企劳资矛盾协调机制研究”（批准号：2017ESH004）结项报告基础上修改而成，本书的修订工作受到了中国国家留学基金委员会国家公派访问学者项目的资助（2021-2022），受到了哈佛燕京学社Associate Program（2021-2022）的支持。感谢上海大学社会学院对本书出版的资助以及一直以来对我研究工作的支持和帮助，感谢中国社会科学出版社以及王莎莎老师认真细致的编辑工作。本书部分内容曾发表于《开放时代》、《学术研究》、《兰州大学学报（社会科学版）》、以及姚建华、苏熠慧主编《回归劳动：全球经济中不稳定的劳工》（社会科学文献出版社，2019年出版），本书初稿部分内容于2022年4月在约翰·霍普金斯大学社会学系进行过报告，Beverly Silver教授、Joel Andreas教授、何高潮教授等对本书的修订工作提出了中肯建议，在此一并致谢。

贾文娟

2023年3月31日